PRÁTICAS EPISTÊMICAS
E CAPACIDADE ARGUMENTATIVA

INTERAÇÕES DISCURSIVAS NO ENSINO DE CIÊNCIAS

Editora Appris Ltda.
1.ª Edição - Copyright© 2025 dos autores
Direitos de Edição Reservados à Editora Appris Ltda.

Nenhuma parte desta obra poderá ser utilizada indevidamente, sem estar de acordo com a Lei nº 9.610/98. Se incorreções forem encontradas, serão de exclusiva responsabilidade de seus organizadores. Foi realizado o Depósito Legal na Fundação Biblioteca Nacional, de acordo com as Leis nºs 10.994, de 14/12/2004, e 12.192, de 14/01/2010.

Catalogação na Fonte
Elaborado por: Dayanne Leal Souza
Bibliotecária CRB 9/2162

A447p
2025

Almeida, Josiane de
    Práticas epistêmicas e capacidade argumentativa: interações discursivas no ensino de ciências / Josiane de Almeida, Moacir Pereira de Souza Filho, Paulo César de Almeida Raboni. – 1. ed. – Curitiba: Appris, 2025.
    119 p. ; 23 cm.

    Inclui referências.
    ISBN 978-65-250-7276-0

    1. Ensino de ciências. 2. Ensino fundamental. 3. Alfabetização. 4. Práticas epistêmicas. 5. Capacidade argumentativa. I. Almeida, Josiane de. II. Souza Filho, Moacir Pereira de. III. Raboni, Paulo César de Almeida. IV. Título.

                                        CDD – 372.357

Livro de acordo com a normalização técnica da ABNT

Appris editora

Editora e Livraria Appris Ltda.
Av. Manoel Ribas, 2265 – Mercês
Curitiba/PR – CEP: 80810-002
Tel. (41) 3156 - 4731
www.editoraappris.com.br

Printed in Brazil
Impresso no Brasil

Josiane de Almeida
Moacir Pereira de Souza Filho
Paulo César de Almeida Raboni

PRÁTICAS EPISTÊMICAS E CAPACIDADE ARGUMENTATIVA

INTERAÇÕES DISCURSIVAS NO ENSINO DE CIÊNCIAS

Appris editora

Curitiba, PR
2025

FICHA TÉCNICA

EDITORIAL	Augusto Coelho
	Sara C. de Andrade Coelho
COMITÊ EDITORIAL	Ana El Achkar (Universo/RJ)
	Andréa Barbosa Gouveia (UFPR)
	Antonio Evangelista de Souza Netto (PUC-SP)
	Belinda Cunha (UFPB)
	Délton Winter de Carvalho (FMP)
	Edson da Silva (UFVJM)
	Eliete Correia dos Santos (UEPB)
	Erineu Foerste (Ufes)
	Fabiano Santos (UERJ-IESP)
	Francinete Fernandes de Sousa (UEPB)
	Francisco Carlos Duarte (PUCPR)
	Francisco de Assis (Fiam-Faam-SP-Brasil)
	Gláucia Figueiredo (UNIPAMPA/ UDELAR)
	Jacques de Lima Ferreira (UNOESC)
	Jean Carlos Gonçalves (UFPR)
	José Wálter Nunes (UnB)
	Junia de Vilhena (PUC-RIO)
	Lucas Mesquita (UNILA)
	Márcia Gonçalves (Unitau)
	Maria Aparecida Barbosa (USP)
	Maria Margarida de Andrade (Umack)
	Marilda A. Behrens (PUCPR)
	Marília Andrade Torales Campos (UFPR)
	Marli C. de Andrade
	Patrícia L. Torres (PUCPR)
	Paula Costa Mosca Macedo (UNIFESP)
	Ramon Blanco (UNILA)
	Roberta Ecleide Kelly (NEPE)
	Roque Ismael da Costa Güllich (UFFS)
	Sergio Gomes (UFRJ)
	Tiago Gagliano Pinto Alberto (PUCPR)
	Toni Reis (UP)
	Valdomiro de Oliveira (UFPR)
SUPERVISORA EDITORIAL	Renata C. Lopes
PRODUÇÃO EDITORIAL	Adrielli de Almeida
REVISÃO	Katine Walmrath
DIAGRAMAÇÃO	Bruno Ferreira Nascimento
CAPA	Kananda Ferreira
REVISÃO DE PROVA	Ana Castro

AGRADECIMENTOS

Os autores agradecem ao Programa de Pós-Graduação em Educação da Unesp, *campus* de Presidente Prudente, e à Capes pelo apoio financeiro.

O presente livro foi realizado com apoio da Coordenação de Aperfeiçoamento de Pessoal de Nível Superior — Brasil (Capes) — Código de Financiamento 001.

Modalidade: Programa PROAP da Capes (N.º do Auxílio: 0283/2021 | N.º do Processo: 88881.638992/2021-01).

SUMÁRIO

INTRODUÇÃO 9

1
FUNDAMENTAÇÃO NA TEORIA SOCIOINTERACIONISTA DE VIGOTSKI 17
1.1 Relação entre o Pensamento e a Palavra 17
1.2 Os planos do discurso: fonético e semântico 19
1.3 Discurso interior (internalização) e discurso exterior 21
1.4 A interação social: os processos discursivos e argumentativos 23
1.5 Conceitos cotidianos e conceitos científicos 25
1.6 Zona de Desenvolvimento Proximal, o ensino deliberado e o sujeito mais capaz ... 29

2
AS PRÁTICAS DISCURSIVAS E A ARGUMENTAÇÃO 33
2.1 Definição e compreensão dos termos: discurso e argumentação 33
2.2 Práticas discursivas e argumentativas no ensino de ciências 35
2.3 Promovendo o discurso em sala de aula: atividades investigativas (SEI) 37
2.4 Práticas epistêmicas e capacidades argumentativas 41
2.5 Indicadores de alfabetização científica 44

3
METODOLOGIA DO TRABALHO DE PESQUISA 47
3.1 Definição e justificativa da escolha metodológica 47
3.2 Práticas epistêmicas e capacidades argumentativas 49
3.3 Instrumentos para a coleta de dados 50
3.4 Apresentação e descrição da Sequência de Ensino Investigativa (SEI) 51

4
RESULTADOS E DISCUSSÃO 59
4.1 Levantamento das preconcepções dos alunos 59
4.2 Sistematização coletiva dos processos de conservação e degeneração das frutas ... 67
4.3 Atividade em grupo com os cartazes (experimento) 70
4.4 Atividade Experimental com as frutas 88
4.5 Observando as frutas após uma semana 91

CONCLUSÃO 109

REFERÊNCIAS 115

INTRODUÇÃO

Ao longo dos anos os cursos de licenciatura têm tido baixa procura e não têm atraído a atenção dos nossos jovens, a ponto de projetarmos que em poucos anos teremos dificuldades em encontrar professores para lecionar as disciplinas científicas (biologia, física e química). Diversos são os motivos; porém, além das dificuldades inerentes ao conteúdo em si, consideramos que um dos principais é que nossas escolas não têm dado a devida atenção ao ensino de ciências, principalmente no nível fundamental, que é um período crucial na formação da criança enquanto um ser cidadão.

As escolas de ensino fundamental priorizam a alfabetização e o raciocínio lógico matemático. Indubitavelmente, saber ler, escrever e efetuar operações numéricas é fundamental à formação base de uma criança, porém defendemos que a ciência também exerce um papel extremamente relevante para a constituição de um cidadão autônomo, criativo e crítico e, portanto, deve ter seu espaço garantido em condições de igualdade com as demais disciplinas.

O ensino de ciências ministrado em nossas escolas parece muito distante do verdadeiro objetivo de formação das crianças e dos jovens. Predomina um ensino mecânico e monótono caracterizado pela exposição do conteúdo e pautado no livro didático. O professor, que, em sua maioria, não tem formação para lecionar Ciências, Ciências Naturais ou Ciências da Natureza, reproduz aquilo, conforme aprendeu. Geralmente o professor passa o conteúdo na lousa para que o aluno possa copiar e ter registrado no caderno para o estudo posterior. O aluno que não pensa, não tem iniciativa própria e espera passivamente que o professor dê a resposta ao exercício proposto permanece a maior parte do tempo calado e, quando se expressa, é para responder à questão direcionada pelo professor ou conversar com os colegas sobre assuntos que nada têm a ver com a disciplina.

Segundo Ilyenkov (2007, p. 12), nosso cérebro insiste em trilhar caminhos percorridos por outras mentes, ou seja, reproduzir o professor ou o livro didático. Porém, segundo o autor, com quem concordamos, as escolas deveriam explorar a criatividade e a espontaneidade das crianças. Assim, quando uma ideia surge na mente da própria criança e os fatos e/ou a experiência refutam suas previsões, colocando em xeque aquilo em que ela acredita, isso se torna literalmente um quebra-cabeça na mente da criança e provoca aquilo que os psicólogos da educação costumam denominar de conflito cognitivo: dessa forma, os alunos são postos a (re)pensarem e a (re)verem suas concepções, na busca pela (re)solução do problema. Essa é a essência do ensino investigativo e que defendemos veementemente.

Pelo exposto, a ciência — tanto a produzida pela humanidade no seu processo histórico quanto aquela a ser ensinada nas escolas na compreensão e aquisição de conceitos pelo aluno — deve começar com questionamentos ou inquietações. O autêntico ensino de ciências, portanto, não deve apresentar o conteúdo pronto e acabado ao aluno. Contrário a isso, ele deve partir de uma situação-problema, ou seja, algo que o aluno deva resolver por conta própria ou buscar uma solução. Isso exige que o aluno recorra à sua bagagem intelectual e seja autônomo e criativo na construção do conhecimento. Parafraseando Ilyenkov (2007, p. 22), podemos dizer que o ensino de ciências deve dar uma "gota de independência" ao aluno, ou seja, torná-lo ativo e participativo no processo de aprendizagem.

As atividades investigativas, mais do que fazer o aluno pôr a "mão na massa", têm como objetivo ensiná-lo a pensar. O importante não é observar o fenômeno ou manipular materiais e/ou equipamentos, pois isso é algo secundário. O que realmente importa é o que ocorre na mente do aluno, ou seja, o processo de compreensão intelectual na formação de conceitos.

A ciência por sua essência busca a inter-relação entre a teoria e os fatos. Nesse sentido, o objetivo primordial do ensino de ciências deve ser a formação de conceitos ou a compreensão dos fatos e/ou fenômenos que regem nosso mundo e que estão presentes em nosso entorno. Devemos desvendar a cortina do mundo e poucos são aqueles que conseguem enxergar e abstrair além do objeto. Assim, um conceito não deve ser memorizado, ao contrário, é algo construído e compreendido, que deve fazer sentido e ter significado ao aluno. Usando a metáfora de Ilyenkov (2007, p. 36), não é possível olhar através de uma janela fechada, mas uma criança curiosa percebe que há frestas entre as tábuas, e espia através dessas fendas para poder compreender o mundo ao seu redor.

Assim como a ciência é desenvolvida por uma comunidade científica ou um grupo de pessoas que estudam sobre um determinado assunto, o ensino de ciências também é uma atividade coletiva e social. O aluno não está sozinho, ele está envolto pelos colegas, que têm ideias semelhantes ou divergentes às suas, e pelo professor, que é considerado seu companheiro mais experiente ou parceiro mais capaz.

Ninguém ensina o que não sabe, assim o professor, para ensinar o aluno a pensar, deve ser um ser pensante e uma pessoa aberta às novas ideias. Ele deve ser capaz de organizar didaticamente o conteúdo que leve o aluno a refletir e a construir seu próprio conhecimento. Analogamente, um aluno autônomo, que pense por conta própria, estará preparado para disputas e decisões que ocorrem nas relações interpessoais. Ele será capaz de pesar os prós e contras diante de um impasse, sem que o seu oponente venha lhe impor uma verdade. Em outras palavras, um aluno que é ensinado a pensar por conta própria consegue julgar e filtrar as informações para construir o seu próprio julgamento sobre o assunto em pauta e se posicionar diante de uma decisão.

Nesse sentido, talvez um dos objetivos centrais do ensino de ciências seja aflorar as relações dialógicas que ocorrem em sala de aula. É por meio da relação entre pensamento e linguagem que ocorre a complexa formação de conceitos na mente do aprendiz. Baseado nesse pressuposto, este trabalho se fundamenta na teoria sociointeracionista de Vigotski, ou seja, na interação que ocorre coletivamente entre o professor e o aluno, ou entre os próprios colegas.

Antes da criança se expressar por meio da palavra, texto ou desenho, segundo Vigotski, ela trava um discurso interior consigo mesma. Ela é capaz de pensar as palavras, ao invés de simplesmente pronunciá-las. Ou seja, ela é capaz de organizar e reorganizar o seu pensamento. Nesse momento, há uma transformação e uma ressignificação do conceito inicial. O signo ou referente, que possui o sentido semântico da palavra, adquire outras conotações, outros sentidos. Trata-se de um processo dinâmico, pois o significado da palavra muda, se transforma e evolui constantemente.

O surgimento da fala interior precede a fala social. Quando falamos de conceitos, não há pensamento sem linguagem. Assim, quando a criança pensa, ela o faz por meio de um discurso interior (que pode até ser externalizado — falar alto).

O discurso externo não é simplesmente a tradução do seu pensamento ou a oralização do discurso silencioso. O conceito se expande e seu significado torna-se mais abrangente. Trata-se de um discurso sistematicamente articulado, que deve ser inteligível aos colegas. Porém, a criança só vai ampliar realmente a compreensão de um conceito quando puder pensar sobre ele novamente.

Nesse sentido, com a intermediação de um parceiro mais experiente ou orientação de um sujeito mais capaz, que geralmente é o professor, mas que pode ser um outro colega, ocorre a transformação das funções psicológicas elementares em funções mentais superiores; em outras palavras, podemos dizer que o conceito espontâneo cotidiano ascende ao pseudocientífico ou ao conceito científico.

Quando a criança se expressa por meio da fala, seu pensamento é compartilhado coletivamente com os colegas. Falar em interações discursivas e argumentativas nos remete a dois conceitos que serão explicitados neste livro e que são instrumentos de análise deste estudo na categorização dos dados, são eles: as práticas epistêmicas e a capacidade argumentativa.

De maneira simplificada, podemos dizer que práticas epistêmicas são formas pelas quais uma comunidade científica produz e divulga seus resultados. Transferidas do campo da pesquisa para o das práticas de sala de aula, esse e outros conceitos têm sido utilizados para a compreensão dos processos investigativos empreendidos por estudantes em aulas de ciências. Entre as categorias de análise dos movimentos (incluindo os de pensamento) dos alunos, destacamos os de: proposição, justificativa, avaliação e legitimação do conhecimento.

As categorias referentes à capacidade argumentativa estão relacionadas às formas de defender um ponto de vista, ou de uma pessoa tentar convencer ou persuadir seu oponente, de que sua ideia é plausível. As capacidades argumentativas também têm sido utilizadas na educação, para analisar o discurso dos sujeitos, ou seja, para estudar e entender as relações dialógicas que ocorrem em sala de aula; são elas: lidar com evidências; elaborar argumentos; conviver com teorias alternativas; propor contra-argumentos e a refutação uma ideia.

Recapitulando o que foi dito e organizando as ideias, defendemos um ensino de ciências que tenha por base uma situação-problema a ser resolvida pelo aluno, que parta do conhecimento espontâneo que o aluno possui, visando à formação de conceitos e que privilegie o pensamento, a linguagem e a participação coletiva dos alunos. Um ensino de ciências que, por meio das interações discursivas, dê autonomia ao aluno de compartilhar suas ideias e de considerar as ideias divergentes às suas e, ainda, que tenha a mediação de um parceiro mais capaz, que possa conduzir ao entendimento e à aprendizagem de conceitos mais elaborados.

Partindo desses pressupostos, sob o título *Práticas epistêmicas e capacidade argumentativa: interações discursivas no ensino de ciências*, este livro tem por pretensão mostrar ao leitor um ensino de ciências vivo e cativante, tal como acreditamos e defendemos, a partir da nossa experiência como professores e pesquisadores da área, mas que também está em sintonia com trabalhos de muitos pesquisadores brasileiros e estrangeiros, alguns deles mencionados neste texto.

Sendo assim, apresentamos ao leitor uma pesquisa e uma atividade de ensino que foi desenvolvida em uma escola pública municipal de uma importante cidade localizada ao sudoeste do estado de São Paulo.

O trabalho foi desenvolvido nos dias 18 e 25 de novembro de 2022, em uma turma do 4º ano do ensino fundamental, cuja amostra era composta por 23 alunos, sendo 11 meninas e 12 meninos, com idades variando entre 9 e 10 anos de idade. Esses alunos foram divididos em quatro grupos. Cabe frisar que já estávamos em um período pós-pandemia, o que permitiu a coleta de informações em aulas presenciais sem risco de contágio.

Para evitar a identificação pessoal do aluno e garantir o seu anonimato, ao longo do texto denominaremos o aluno por AXXGX, sendo "AXX" referente ao aluno de 01 a 23 e "GX", que representa o grupo em que o aluno está alocado, variando de 1 a 4. Assim, por exemplo A08G2 corresponde ao aluno 08, pertencente ao grupo 2.

Figura 1 – Alunos trabalhando em grupos

Fonte: a autora

O conteúdo trabalhado foi adaptado do livro didático adotado pelo currículo para o 4º ano de ciências do ensino fundamental (Nigro, 2017). Na unidade 3 desse manual didático, o tópico de estudo se relaciona aos "recursos naturais e transformações", cujo objetivo é que o aluno conheça as transformações reversíveis e irreversíveis, presentes em nosso cotidiano. De acordo com a Base Nacional Comum Curricular (BNCC) (Brasil, 2017), podemos identificar basicamente três objetivos dessa unidade: (i) testar e relatar as transformações quando expostos às diferentes condições, tais como aquecimento, resfriamento, luz e umidade; (ii) verificar que algumas mudanças, causadas por aquecimento ou resfriamento, são reversíveis (como as mudanças de estado físico da água) e outras não (como o cozimento de um alimento, como o ovo, arroz ou um bolo, ou a queima do papel); e (iii) identificar a presença de fungos e bactérias no processo de decomposição, reconhecendo a importância da conservação para o meio ambiente. Baseado nisso, vamos apresentar, de maneira geral, um panorama do trabalho realizado.

Elaboramos uma sequência de ensino investigativa (SEI) referente à conservação e à degeneração de frutas. Trata-se de uma sequência de atividades planejadas pelo professor sobre um tópico de ensino, a fim de que ocorram interações didáticas e discursivas em sala de aula. Essa sequência foi estruturada da seguinte maneira:

(i) Primeiramente, realizamos dois experimentos demonstrativos para os alunos: um sobre a mudança de estado da água (sólido, líquido e vapor) e outro sobre a queima do papel. Posteriormente, levantamos os conhecimentos prévios dos alunos, separando a lousa em duas colunas e colocando, de um lado, transformações que retornam ao estado original (reversíveis) e, do outro, transformações que, uma vez que ocorrem, não voltam mais ao estado inicial (irreversíveis);

(ii) Os alunos foram divididos em quatro grupos de aproximadamente seis integrantes, para que pudessem discutir entre si e sistematizar as ideias;

(iii) Ainda em grupo, eles receberam alguns materiais para a confecção de cartazes: cartolina, figuras de frutas, tais como: banana, goiaba, mamão e morango, tesoura, cola, pincel atômico azul e vermelho, entre outros materiais. Também receberam uma folha contendo instruções, para relacionar com caneta de tinta vermelha o que, na opinião do grupo, eram agentes que causam a deterioração ou degeneração das frutas e, em tinta azul, agentes que ajudam a conservá-las;

(iv) De forma individual, eles relataram e sistematizaram o que foi feito, por eles e pelo grupo, em uma folha sulfite;

(v) Os grupos receberam as mesmas frutas que haviam sido impressas nas figuras, ou seja, banana, goiaba, mamão e morango. Só que dessa vez eram frutas reais. Eles puderam observar o estado inicial das frutas e cada grupo teve a liberdade de embalar as frutas que quisessem com filme plástico, papel-alumínio, pano umedecido, acondicionar em potes herméticos e, também, puderam acondicioná-las na geladeira da escola. Eles foram informados que, na semana seguinte, iriam desembalar para observar novamente as frutas e compará-las ao estado inicial;

(vi) De forma individual, eles relataram e sistematizaram o que foi feito pelo seu grupo, em uma folha sulfite;

(vii) Na semana posterior, eles receberam as frutas em estado de decomposição e desembalaram para observar e comparar ao estado inicial. Assim, puderam verificar a presença de mofo, fungos e bactérias;

(viii) Finalmente, de forma individual, eles puderam sistematizar em folha sulfite suas observações e compartilhar, de forma oral, com os colegas e a professora, tudo o que foi feito.

As atividades realizadas pelos alunos foram marcadas por intensas interações discursivas entre eles e também com participação da professora. Em geral as falas são de curta duração, porém envolvendo alternância e um dinamismo próprios de Sequências de Ensino Investigativas (SEI) em salas de aula com muitos alunos. Devido a essas características, a gravação em vídeo foi a forma mais apropriada para registro. A partir das gravações foram selecionados episódios para posterior transcrição dos trechos mais representativos dos movimentos dos alunos, tanto os mecânicos de deslocamento, ações e gestos, quanto os de pensamento, evidenciados pelas interações discursivas.

A nossa questão de pesquisa teve como objetivo central investigar e categorizar: *Há formação de conceitos presentes nas práticas epistêmicas e nas capacidades argumentativas, dos alunos de uma turma do ensino fundamental, que emergem de uma sequência de ensino investigativa coerentemente planejada pelo professor, sobre as transformações irreversíveis das frutas.*

Assim, nosso objetivo geral é: *analisar de que forma a sequência de ensino investigativa desperta o desenvolvimento de práticas epistêmicas e as habilidades argumentativas nos alunos sobre os conhecimentos cotidianos e científicos.*

O trabalho com as frutas tem ainda como metas alguns objetivos específicos, tanto de ensino como de pesquisa:

- Ensino: estruturar uma sequência de ensino investigativa sobre as transformações irreversíveis com as frutas, visando levantar os conhecimentos prévios dos alunos, fazer com que eles produzam cartazes em grupo e que se expressem de forma oral e escrita, por meio de textos e desenhos;
- Ensino: trabalhar as transformações irreversíveis que ocorrem com as frutas, utilizando uma questão sociocientífica relacionada à fome, a fim de problematizar a importância da conservação das frutas, para evitar o desperdício dos alimentos;
- Pesquisa: identificar, categorizar e classificar as práticas epistêmicas e as capacidades argumentativas, presentes nas interações discursivas dos participantes da pesquisa, tendo por base a teoria sociointeracionista de Vigotski, a fim de verificar a formação de pseudoconceitos ou conceitos científicos nos alunos.

Após explicitar esse panorama geral do livro, convidamos professores, pesquisadores e todos os interessados por assuntos relacionados à educação a mergulharem nesta obra e se enveredarem pelos capítulos que virão a seguir, pois como dissemos as crianças são espontâneas e criativas, sendo assim, podemos encontrar verdadeiras preciosidades que emergem de suas falas, ou seja, muitos pensamentos que se externalizam por meio das falas e que se encaminham para aquisição de conhecimentos mais elaborados e para a formação de conceitos.

Convite feito! Fiquem atentos às ideias geniais provenientes da mente infantil. Boa leitura!

1

FUNDAMENTAÇÃO NA TEORIA SOCIOINTERACIONISTA DE VIGOTSKI

1.1 Relação entre o Pensamento e a Palavra

Em uma das frentes de pesquisa abertas por Lev Semionovitch Vigotski (1896-1934), o psicólogo russo buscou uma compreensão do papel desempenhado pela aquisição da linguagem no desenvolvimento humano, entendido por ele como essencialmente cultural. Assim, o autor buscou entender a relação existente entre o pensamento e linguagem tanto no plano filogenético (evolução das espécies) quanto no campo ontogenético (ser ou indivíduo). Tendo em vista tal objetivo, o autor procura compreender e relacionar o intelecto e a fala das crianças considerando estudos desenvolvidos com os primatas (chimpanzés).

Segundo ele, há duas raízes filogenéticas distintas: um *estágio pré-verbal* no desenvolvimento do pensamento e um *estágio pré-intelectual* no desenvolvimento da fala. Essa relação entre o intelecto humano e o dos primatas contribuiu muito para a teoria de Vigotski. Embora os antropoides tenham um intelecto e fala similares aos humanos, nas crianças recém-nascidas e nos primatas esses dois processos são essencialmente distintos e não mantêm relação alguma, ou seja, não há inter-relação entre pensamento e linguagem.

Antes da fala há nas crianças o pensamento associado ao uso de instrumentos, isto é, a compreensão de relações mecânicas. A criança utiliza meios mecânicos para fins práticos. Assim, o uso de instrumentos pela criança em seu período pré-verbal se compara muito ao dos macacos antropoides. Dessa forma, no caso de crianças de tenra idade (nos bebês) o balbucio e o choro não estão ligados ao pensamento. A criança chora sem motivo aparente e balbucia sem intencionalidade de comunicação.

Trata-se, portanto, de um estágio *pré-intelectual* da "fala", ou seja, esse período de desenvolvimento da fala que não guarda qualquer relação com o pensamento e que tem apenas a função social, de comunicar um estado afetivo e emocional da criança. Suas atitudes cumprem a função de descarga emocional e contato social.

"No desenvolvimento da criança, existe um período *pré-linguístico* do pensamento e um período *pré-intelectual* da fala: o pensamento e a palavra não se encontram ligados por um elo primário" (Vigotski, 2008, p. 149).

Entretanto, à medida que a criança cresce e se desenvolve ela passa a relacionar o objeto à sua volta com a palavra que o representa/denomina. A distinção entre essas duas esferas (pensamento e palavra) deixa de existir e essas linhas tendem a convergir e a se relacionar: a fala começa a servir ao pensamento e este começa a ser verbalizado pela criança. Dessa forma, podemos dizer que a "fala" torna-se *racional* e o "pensamento" torna-se *verbal*. Essa conexão entre pensamento e linguagem é um processo complexo tão inter-relacionado, que se torna difícil distinguir entre um e o outro, pois ambos passam a ocorrer concomitantemente.

Definimos um objeto pela palavra que o representa. Porém, segundo Vigotski, "uma palavra sem significado é um som vazio". Assim, em nível semântico, uma palavra não está relacionada apenas ao seu sentido literal, mas também ao seu contexto. Sendo assim, o significado de uma palavra é gerenciado e mediado pelo pensamento. Tudo o que é dito, é antes pensado.

Por outro lado, nós pensamos com as palavras. A gente pode não verbalizar as palavras, mas são elas que conduzem nosso ato de pensar. Arriscamos a dizer que nossos sonhos e nossos pensamentos ocorrem no nosso idioma pátrio, ou seja, na língua portuguesa, pois reconhecemos nela as palavras que conduzem o que ocorre em nosso pensamento.

"O 'significado das palavras' é um *fenômeno de pensamento* na medida em que ganha corpo por meio da 'fala', e só é um *fenômeno da fala* na medida em que está ligada ao "pensamento", sendo iluminado por ele" (Vigotski, 2008, p. 151).

É por meio do pensamento que formamos e compreendemos os conceitos. Segundo Vigotski (2008, p. 151) o significado de uma palavra, do ponto de vista da psicologia, é uma generalização, um conceito, que são inegavelmente atos do pensar. Portanto, os conceitos se estruturam em nossa mente. Assim, temos que reconhecer a importância de o aluno refletir sobre o que foi dito e ouvido para a construção do conhecimento científico.

"O *pensamento verbal* destaca-se dos dados sensíveis imediatos tornando-se puramente uma relação ou, propriamente, um conceito, expresso verbalmente. O conceito ou o significado é, por assim dizer, uma relação (representação abstraída) encarnada na palavra" (Tunes, 1995, p. 31).

A relação entre pensamento e palavra é um processo dinâmico e contínuo que ocorre em ambas as direções: o "significado da palavra" *evolui*, pois é regado pelo pensamento e o "pensamento" *se desenvolve*, pois é alimentado pela palavra, pela fala.

A fala humana, as interações discursivas e a argumentação emergiram da necessidade de se estabelecer relações sociais no processo de trabalho e essas relações requerem a generalização de conceitos e o desenvolvimento do significado verbal. Portanto, o *significado* que uma palavra adquire nada mais é do que "uma unidade de generalização e interação social, ou seja, uma unidade de pensamento e comunicação" (Tunes, 1995, p. 31).

1.2 Os planos do discurso: fonético e semântico

A análise entre o *pensamento* e a *palavra* deve levar em consideração os diferentes planos e fases que ocorrem durante o pensamento, antes de se encarnar nas palavras. Portanto, devemos considerar tanto seu *aspecto externo*, o fonético (ou a vocalização), quanto o *aspecto interno*, significante e semântico. Esse último resulta de um complexo processo mental e, por isso, devemos voltar a nossa atenção a ele.

Quando uma criança começa a dominar a fala exterior, automaticamente ela começa pelas palavras, progredindo para frases mais simples e destas para frases ou orações mais complicadas, culminando em um discurso coerente. Podemos dizer que ela progride da "parte para o todo".

No início o pensamento surge como um conjunto amorfo e indistinto, e tem que encontrar sua expressão numa palavra. No entanto, as expressões verbais não nascem formadas, elas têm que se desenvolver gradualmente, num processo complexo de transição que vai do "significado para o som" (Vigotski, 2008, p. 157).

> O *pensamento* não é simplesmente expresso em palavras; [mas] é por meio delas que ele passa a existir. Cada *pensamento* tende a relacionar alguma coisa com outra, a estabelecer uma relação entre as coisas. Cada *pensamento* se move, amadurece e se desenvolve, desempenha uma função, soluciona um problema (Vigotski, 2008, p. 156).

Assim, em nível semântico ou em nível de significado, podemos dizer que uma palavra ou expressão mais elaborada vai do "todo para a parte", ou seja, de um complexo significante de pensamento para só mais tarde dominar as unidades semânticas da linguagem coerentes com o pensamento. Na *estrutura semântica* de uma palavra devemos estabelecer uma distinção entre o *referente* (o sentido literal ou aquilo que a palavra representa) e seu *significado* (aquilo que está nas entrelinhas, e que podemos inferir sobre o que foi dito, incluindo os motivos do discurso).

Nas crianças menores, que estão no início do desenvolvimento da fala, podemos perceber a presença do "discurso egocêntrico". O discurso egocêntrico se manifesta quando a criança "fala sozinha" ou "pensa alto". A criança fala de forma espontânea e aleatória, sem se preocupar com quem está a seu redor. Porém, ela não está simplesmente narrando uma ação; sua fala ajuda a vencer as *dificuldades do pensamento* (Leprique *et al.*, 2018, p. 613).

Com o decorrer da idade (para crianças maiores ou adolescentes, a fala egocêntrica tende a diminuir, sendo observada consequentemente uma "diminuição da vocalização", ou seja, à medida que as crianças vão crescendo, elas passam a ficar mais quietas e a falar menos. Para Vigotski (2008, p. 166) o discurso egocêntrico é um fenômeno de pensamento, de transição das funções interpsíquicas para as intrapsíquicas, ou seja, da atividade social e coletiva (expressão) para a atividade mais individualizada (introspecção). Assim, o autor conclui que a fala egocêntrica dá lugar ao discurso interior, ou seja, as palavras se transformam em pensamento.

Os resultados dos experimentos de Vigotski, feitos com crianças, mostraram que a exclusão do fator social, ou seja, o isolamento da criança do estímulo exterior, não potencializou o discurso egocêntrico, pelo contrário: o inibiu (Leprique *et al.*, 2018, p. 613). A criança, ao ser privada do convívio social, passou a falar menos. Portanto, para Vigotski (2008, p. 171) é lógico pressupor que a "fala egocêntrica é uma forma que evolui a partir do discurso social".

O declínio da vocalização do discurso egocêntrico, que ocorre geralmente no período de idade escolar, é sinal de que a criança vai progressivamente abstraindo o som e vai adquirindo uma nova capacidade: de "pensar as palavras", ao invés de simplesmente pronunciá-las.

Portanto, uma característica do desenvolvimento infantil é que a fala egocêntrica precede ao discurso interior. O discurso "interior" é o que Vigotski vai chamar de "discurso de si para si". Ele se volta para o próprio locutor, ou seja, se volta para o pensamento da própria criança. A inflexão da linguagem em pensamento revela o contexto psicológico dentro do qual uma palavra deve ser compreendida (Vigotski, 2008, p. 178). Ambos se caracterizam por funções intelectuais semelhantes, ao ponto de Vigotski (2008, p. 164) inferir que falar menos significa pensar mais. A introspecção que parte da fala externa (egocêntrica) para a interna (discurso interior) é um resultado da internalização da linguagem.

O processo de internalização da linguagem se caracteriza pela construção ou reconstrução interna ao sujeito de uma operação externa a ele (Vigotski, 2007, p. 57). O pensamento é o agente mediador dessa atividade.

O processo de internalização passa por algumas transformações: inicialmente, começa a acontecer, internamente ao sujeito, uma reconstrução de sua atividade externa; assim, o processo interpessoal (entre pessoas ou social) é transformado na internalização intrapessoal (interior à criança); essa "aquisição externa" se caracteriza por um processo de incorporação de novas informações ao sistema cognitivo (Vigotski, 2007, p. 57).

Somente a partir da conversão em discurso interior é que a linguagem se torna uma "função mental interna", uma vez que ela passa a *organizar o pensamento da criança* (Leprique *et al.*, 2018, p. 613). Tanto a função do discurso egocêntrico quanto a do discurso interior estão a serviço da orientação mental, da compreensão consciente, quando a criança se defronta com dificuldades que exigem consciência e reflexão. Sendo assim, o "discurso interior" funciona como um *rascunho* não só para o *discurso escrito*, mas também para o *discurso oral* (Vigotski, 2008, p. 164).

1.3 Discurso interior (internalização) e discurso exterior

Há importantes distinções funcionais no discurso: o "monólogo" e o "diálogo". O "discurso interior e a escrita" representam como o próprio nome sugere o *monólogo*, enquanto o "discurso oral", na maioria das vezes, representa o *diálogo* ou a interação entre duas ou mais pessoas.

As relações dialógicas utilizadas por nós possuem uma acepção que se difere e extrapola o sentido atribuído pelo senso comum na comunicação cotidiana face a face entre dois ou mais indivíduos, de conversa, discussão ou debate. O estatuto conferido à linguagem, no nosso caso, é de um sistema de recodificação das representações cognitivas (Leitão, 2007, p. 78).

Normalmente no "discurso interior" há uma tendência de abreviação da estrutura (sua sintaxe se apresenta simplificada), normalmente com a omissão do sujeito e a tendência para a utilização de predicados. No monólogo o sujeito já conhece o assunto. A predominância da predicação é um produto do desenvolvimento do pensamento. No monólogo ou no discurso interior, o sujeito tem tempo para pensar. O seu autor tem tempo para uma consciente e cuidadosa elaboração linguística, antes de verbalizar o seu pensamento.

O "discurso externo" é um discurso destinado aos outros, que consiste em converter os pensamentos em palavras (Vigotski, 2008, p. 164). O "diálogo" pressupõe, por parte dos interlocutores, um conhecimento suficiente do assunto em pauta para permitir um discurso abreviado, com frases predominantemente predicativas. No diálogo, as pessoas podem ver seus interlocutores, suas expressões faciais, seus gestos, os tons de voz etc.

No "discurso oral" geralmente não há tempo para se pensar. Não há tempo para opções ou deliberações. O diálogo implica a expressão quase que imediata e não predeterminada do pensamento. É constituído por falas, respostas e réplicas em tempo real.

Enquanto o "discurso externo" se encontra encarnado por palavras, o "discurso interno" é um pensamento de significados puros. Ao comparar o "discurso interno" com o "discurso externo", Vigotski descobriu traços característicos semelhantes: predominância da predicação, predominância do sentido sobre o significado, aglutinação etc. Porém, o discurso interior não é um aspecto interior do discurso externo e o discurso externo não é a tradução de discurso interno: não é a oralização do discurso silencioso. É um processo complexo e dinâmico, que envolve a transformação da estrutura predicativa, idiomática do discurso interior em discurso sintaticamente articulado, inteligível para o entendimento de outras pessoas.

No discurso de outra pessoa, não basta para compreendermos apenas o significado de suas palavras. Temos que compreender a essência do seu pensamento. Assim, temos que compreender completamente sua base afetivo-volitiva, ou seja, suas motivações (Vigotski, 2008, p. 130). Assim, quando uma pessoa se expressa, nem todas as palavras temos que associá-las ao seu sentido literal. Para compreender o que uma pessoa realmente quer dizer, temos que considerar o contexto do que está sendo dito e estado interior do locutor.

Assim, o "pensamento verbal" surge como uma entidade dinâmica e complexa entre o pensamento e a palavra. Ele é gerado pela motivação pessoal, isto é, pelos nossos interesses, necessidades, desejos e emoções. Há uma tendência volitivo-afetiva no processo. Essa relação é uma coisa dinâmica, instável e derivante, que flutua entre a palavra e o pensamento. Só é possível compreender a verdadeira natureza da "relação entre pensamento e palavra" examinando o pensamento verbal e o plano ainda mais profundo do discurso interior (Vigotski, 2008, p. 130).

1.4 A interação social: os processos discursivos e argumentativos

Há uma estreita correlação entre a *Teoria Sócio-Histórico-Cultural* ou *Teoria Sociointeracionista* de Vigotski e os *processos discursivos argumentativos* que ocorrem no âmbito escolar. Assim, podemos inferir que há indícios de que são fenômenos de mesma natureza, ou que um é caso particular do outro. Nesse sentido, o que vale para a aquisição da palavra em sentido amplo vale para a aquisição da palavra em situações escolares.

Ambos estabelecem uma íntima relação entre a linguagem e o pensamento no desenvolvimento cognitivo dos indivíduos, principalmente aqueles referentes às funções mentais superiores, que estão associadas à capacidade de imaginação, planejamento, raciocínio e ação voluntária, ou seja, processos que envolvem as ações intencionais dos seres humanos (Leprique *et al.*, 2018).

Podemos dizer que existe uma grande capacidade interpretativa dos processos discursivos e argumentativos que ocorrem em sala de aula, se recorrermos à teoria histórico-cultural de Vigotski. Assim, buscamos neste referencial o entendimento para o estudo das relações dialógicas que ocorreram durante nossa coleta de dados.

Por meio das "interações verbais discursivas e argumentativas" é possível compreender melhor o processo de aprendizagem, pois envolvem os alunos no aspecto social, intelectual e verbal.

Uma vez expostos à confrontação de vários pontos de vista, os estudantes são levados não só a produzirem argumentos, de forma que possam justificar seus pontos de vista, como também aceitar novas ideias e novos aprendizados. O pensamento torna-se passível de partilha. Portanto, a *argumentação* em sala de aula permite a explicitação, construção e reconstrução dos pensamentos dos alunos, ajudando-os a tomarem consciência de suas próprias ideias e de suas possíveis inconsistências. De maneira análoga, os alunos passam a considerar, e por vezes aceitar, as ideias dos colegas.

Para Martins (1997), na *teoria sociointeracionista*, a "escola" torna-se um espaço privilegiado e indispensável para o aprendizado do aluno, e a interação deste com uma "pessoa mais experiente" (professor ou mesmo os colegas) é fundamental no processo de ensino e aprendizagem. O professor, sendo um parceiro mais capaz, torna-se o mediador das diversas concepções que surgem.

A criança reconstrói internamente uma atividade externa, ela passa a usar um conceito que aprendeu no social, mas só vai ampliar a sua compreensão quando o internalizar e puder pensar sobre ele. É um processo de reconstrução mental. É por meio do processo de internalização que as crianças começam a desempenhar suas atividades sob orientação e guia de parceiros mais experientes e, paulatinamente, aprendem a resolvê-las de forma independente (Martins, 1997).

As interações sociais com parceiros mais experientes são constituídas por adultos ou companheiros de mesma idade que são mais capazes e que orientam o desenvolvimento do pensamento e o próprio comportamento da criança, não só na apropriação da linguagem como também com sua expansão, na obtenção de significados mais abrangentes. Nesse processo de intermediação, a linguagem é o principal instrumento simbólico de representação da realidade, que desempenha papel fundamental na transformação das funções psicológicas elementares em funções mentais superiores.

Leprique *et al.* (2018) fazem um breve levantamento de trabalhos referentes à argumentação no ensino que mostram algumas potencialidades das interações discursivas: o desenvolvimento de processos cognitivos de ordem superior, construção de afirmações baseadas em evidências, desenvolvimento do diálogo, as ponderações, argumentações e compreensões conceituais e/ou epistêmicas, o desenvolvimento de indivíduos críticos e reflexivos, o desenvolvimento da autonomia em tomadas de decisões conscientes e, no caso do professor, as interações que permitem avaliar melhor o pensamento e as concepções dos alunos.

Para promover essas interações o professor não necessita de equipamentos muito sofisticados: ele pode utilizar materiais do cotidiano. Segundo Martins (1997), o mundo do conhecimento está muito além do computador ou de ferramentas tecnologicamente sofisticadas; eles nos ajudam, sem dúvida, mas não conseguem criar, sozinhos, os necessários campos interativos.

Cabe ao professor transformar a tecnologia em aula socialmente construtiva, sucata em "material de ponta", conhecimento espontâneo em conhecimento científico, mundo encoberto em mundo revelado, e tudo mais que proporcione o reconhecimento e o encantamento com a vida pessoal e a vida social dos grupos existentes em sala de aula, por meio da presença dos alunos, e mesmo do professor, que descobre sua própria vida, em meio à vida de seus alunos.

1.5 Conceitos cotidianos e conceitos científicos

Vigotski (2008, p. 83), em seu livro *Pensamento e linguagem*, expõe uma inquietação pessoal fazendo os seguintes questionamentos:

- O que acontece no cérebro da criança em relação aos conceitos científicos que são ensinados na escola?
- Qual é a relação entre a "assimilação da informação" de um conceito científico e o "desenvolvimento interno" que ocorre na consciência (mente) das crianças?

Essas duas questões estão intimamente atreladas ao ensino e, portanto, assim como Vigotski tinha essas inquietações, precisamos refletir sobre a formação de conceitos que ocorrem na mente infantil.

Aprendizagem e ensino, assim como desenvolvimento e aprendizagem, não são esferas independentes. O desenvolvimento cognitivo não ocorre independentemente das oportunidades de aprendizagem que cada criança tem. São, pelo contrário, ligados de forma profunda e complexa, nos permitindo afirmar junto com o autor que sem um bom ensino o desenvolvimento cognitivo pode ser retardado ou mesmo obstruído. Implicações para as pesquisas em ensino, para os trabalhos de sala de aula e para políticas públicas na área da educação são enormes e não podem ser negligenciadas. Uma boa escola é necessária para a garantia de desenvolvimento intelectual das crianças. Não significa que em outros espaços não seja possível ensinar e aprender. Isso ocorre, de fato. Mas o conhecimento sistematizado organizado em um currículo com método, em formas deliberadas de ensino é o que pode garantir o domínio do conhecimento elaborado para todas as crianças.

Saviani, em convergência total com Vigotski em sua tese de que o desenvolvimento humano é essencialmente cultural, afirma que: "[...] o trabalho educativo é o ato de produzir, direta e intencionalmente, em cada indivíduo singular, a humanidade que é produzida histórica e coletivamente pelo conjunto dos homens" (Saviani, 2011, p. 8).

Nesse sentido, entendemos que a forma de ensino tradicional, baseado na falsa possibilidade de transmissão direta e acabada de conceitos, tornou-se inconcebível nos dias atuais. O professor que age dessa forma o máximo que conseguirá será um verbalismo "oco" ou "vazio" com repetição das palavras pelas crianças, "como se elas fossem papagaios" ou, o que é pior, a "aversão" desses alunos tanto à metodologia imposta quanto aos conteúdos ensinados (Vigotski, 2008, p. 83).

O autor aponta a existência de linhas de pensamento que defendem o fato de conceitos científicos não possuírem uma história interna e não serem formados cronologicamente. Assim desconsidera que os conceitos devem ser formados na estrutura cognitiva dos estudantes. Essas escolas de pensamento consideram que os conceitos são absorvidos de "forma acabada" por um processo de compreensão e assimilação do conhecimento. Segundo ele, se fizermos uma análise do que de fato representa um conceito, poderíamos dizer que:

> Um conceito é um complexo e genuíno "ato de pensamento". Um conceito encarnado numa palavra representa um ato de generalização. Mas o significado das palavras evolui... A princípio a palavra é uma generalização do tipo mais primitivo; à medida que o intelecto da criança se desenvolve é substituída por generalizações de tipo cada vez mais elevado — processo este que acaba por levar à formação dos verdadeiros conceitos. O desenvolvimento dos conceitos, dos significados das palavras, pressupõe o desenvolvimento de muitas funções intelectuais (Vigotski, 2008, p. 83).

Nos primeiros anos de vida a maioria do conhecimento que a criança adquire provém do meio exterior. Elas observam os objetos no seu entorno e o cérebro da criança age de forma espontânea. Não há qualquer intencionalidade na aprendizagem e a criança não reflete sobre aquilo que vê. Dizemos que ocorre uma aprendizagem não deliberada.

Quando a criança passa a frequentar a escola o conhecimento se torna sistematizado. Muito do que é ensinado à criança não é possível visualizar ou experimentar diretamente. Porém, com o auxílio do professor, com a estruturação deliberada do conteúdo e a consciência refletida do aluno, o conhecimento começa a fazer parte do desenvolvimento infantil.

Segundo Vigotski (2008, p. 90-92) a memória mecânica transforma-se em memória lógica orientada pelo significado; as funções não conscientes se tornam conscientes. Portanto, "a instrução escolar induz o tipo de percepção generalizante, desempenhando um papel decisivo na conscientização do processo mental da criança". Inicialmente, a criança desenvolve a consciência e o domínio do objeto, e posteriormente o seu sistema hierárquico de inter-relações com conhecimentos preexistentes promove o desenvolvimento de conceitos na mente infantil.

Existem, para Vigotski (2008, p. 108), basicamente dois tipos de conceitos: os conceitos espontâneos (cotidianos) e os não espontâneos (científicos). Segundo o autor, o desenvolvimento do sistema cognitivo da criança é um processo unitário no qual conceitos espontâneos e científicos estão relacionados e influenciam-se mutuamente. No entanto, eles se desenvolvem em direções contrárias: "os conceitos científicos desenvolvem-se para baixo, através dos conceitos espontâneos; os conceitos espontâneos desenvolvem-se para cima, através dos conceitos científicos".

Assim, o desenvolvimento de ambos (conceitos científicos e conceitos espontâneos) se complementam no processo de formação de conceitos, sendo que, a partir do ensino deliberado na escola, os conceitos científicos e os conceitos cotidianos mudam a forma como se estruturam e se relacionam com os seus referentes externos, ou seja, os elementos da vivência da criança.

Nesse contexto, os conceitos científicos caminham para baixo, buscando uma forma de materialização, enquanto que os conceitos cotidianos, originalmente impregnados de vivência, se desenvolvem de forma ascendente rumo à consciência e ao controle deliberado, adquirindo formas mais estruturadas.

A relação entre esses conceitos e o objeto é mediada por um outro conceito, de tal forma que "a própria noção de conceito implica uma certa posição relativamente aos outros conceitos", ou seja, a própria noção de conceito se modifica.

> Acreditamos que estes dois processos — o desenvolvimento dos conceitos espontâneos (cotidianos) e dos conceitos não espontâneos (científicos) — se encontram relacionados e influenciam-se um ao outro, permanentemente. Fazem

> parte de um único processo: o desenvolvimento da gênese do conceito, que é afetado por condições externas e variáveis internas, mas é, essencialmente, "um processo unitário" e não um conflito de formas de intelecção antagônicas e mutuamente exclusivas (Vigotski, 2008, p. 86).

Tunes (1995, p. 36) nos chama atenção para o fato de que os conceitos cotidianos "dadas as suas características estruturais, são impregnados do concreto", permitindo, assim, que ocorra o desenvolvimento de estruturas generalizantes. Ao passo que os conceitos verdadeiros, manifestados singularmente como conceitos científicos, "caracterizam-se pela verbalidade e pela saturação insuficiente com o concreto". Portanto, aqui temos a organização do pensamento de forma a trabalhar com a abstração, a consciência reflexiva e o controle deliberado, embora em fase de instrução escolar a criança ainda não domine o verdadeiro conceito e seu próprio intelecto.

Vigotski (2008, p. 99) indica que o desenvolvimento de conceitos é um processo que tem início quando a palavra/conceito é apresentada pela primeira vez à criança, ou quando o objeto a que ela se refere começa a fazer parte da sua vivência. Ao aprender a escrever, a criança tem que se libertar dos aspectos sensoriais da linguagem, e passa a substituir as "palavras" por "imagens de palavras"; os "sons" por "signos escritos".

A escrita é um discurso sem interlocutor, ou seja, a criança não se expressa a alguém em particular. Trata-se de um pensamento dirigido a uma "pessoa ausente" ou "imaginária". A ação de escrever exige, por parte da criança, uma ação de análise deliberada. Assim, a linguagem escrita exige um trabalho consciente, pois ela surge somente após um discurso interior (pensamento ou reflexão da criança).

De acordo com Vigotski (2008, p. 99), na conversação ou linguagem oral todas as frases são impelidas por um motivo: "o desejo ou a necessidade geram os pedidos, as perguntas conduzem às respostas, e a confusão leva à explicação".

Em seu processo inicial de desenvolvimento, o discurso interior é mais completo do que a linguagem oral ou falada, pois o assunto pensado é sempre conhecido por quem pensa ou reflete sobre ele. Vigotski (2008, p. 97) salienta que nesse período a criança "passa da introspeção não formulada para a introspeção verbalizada; percebe os seus próprios processos psíquicos, como processos significantes".

Consideramos esse um passo decisivo no desenvolvimento infantil, visto que a criança, que anteriormente apoiava seu pensamento apenas em aspectos palpáveis e concretos, começa a estabelecer relação entre as palavras, sendo capaz de externar verbalmente ou graficamente o seu pensamento.

Tunes (1995, p. 38), buscando ampliar as implicações da proposta pioneira de Vigotski utilizando-a para o caso específico do ensino e da aprendizagem de ciências naturais, afirma que a fala (a palavra) mediatiza o pensamento. Por meio da relação entre o pensamento e a fala é que se dá a unidade do pensamento verbal: "o significado". No ensino de ciências devemos fazer uma análise da estrutura do conhecimento que será mediado e, por meio da compreensão dessas relações, buscar definir e estabelecer orientações práticas para o ensino.

Sendo assim, para Vigotski (2008, p. 70) a linguagem é fundamental na formação de conceitos, já que a palavra se relaciona ao objeto, estruturando o pensamento. Desse modo, vale destacar que na faixa etária em que se encontram as crianças que fizeram parte desta pesquisa desenvolvem-se os pseudoconceitos, que diferem do pensamento de conceitos de um adulto, mas que já representam um "elo" (ou "ponte de ligação") entre o pensamento por complexos e o pensamento por conceitos. Essas formações antecedem os verdadeiros conceitos e são denominados pelo autor como "conceitos potenciais". Com base nas investigações realizadas por Vigotski sobre a formação de conceitos, constatamos que um conceito é fruto do ato complexo de pensar. É por meio do pensamento que se formam os conceitos.

1.6 Zona de Desenvolvimento Proximal, o ensino deliberado e o sujeito mais capaz

Muitos professores estabelecem ações de ensino cristalizadas que mudam apoiadas em práticas pedagógicas equivocadas (sem eficácia), acreditando que, se todos os profissionais da educação ou os professores agem dessa maneira, por que também não fazer (Saito; Oliveira, 2018)? No entanto, a atividade docente precisa ser planejada.

É necessária a intervenção consciente e intencional do professor no processo de ensino e aprendizagem. É relevante estabelecer, através do ensino, diferentes formas de mediação do conhecimento com as ações e os objetivos estabelecidos por meio do planejamento do ensino, com propostas diversificadas e diferenciadas.

Deve-se elaborar uma sequência didática de ações, escolhendo materiais pedagógicos e propostas educativas desafiadoras e instigantes com ações efetivas que garantam a transformação do saber e o desenvolvimento das qualidades humanas, tais como: criatividade, criticidade, imaginação, socialização, autonomia etc. (Saito; Oliveira, 2018).

O ensino deliberado se refere a essa ação intencional e planejada do ensino por parte do professor. Nesse sentido, as Sequências de Ensino Investigativas (SEI) desenvolvidas nesta pesquisa promovem uma intencionalidade que norteia a ação educativa, disponibilizando tempo e espaço para as atividades e autonomia para o aluno. Dessa forma, esse plano de ação estabelece uma sequência básica de atividades, de maneira a prever o que irá acontecer, embora o professor possa encontrar surpresas e tenha que se adequar às atividades no decorrer do processo.

> Todo profissional deve dispor de modelos que lhe permitam pensar e organizar sua ação. Sem eles, o profissional tateia, sem ter a menor visão de conjunto daquilo que faz, sem nem ao menos ter chance de atingir os objetivos que se fixou. Isso é evidente tanto para o artesão, o engenheiro, o cirurgião, quanto para o professor (Rodrigues; Garms, 2007, p. 136).

Vigotski (2008) defende a interação interpessoal que ocorre em sala de aula como elemento fundamental no processo de humanização do homem pela cultura, ativando vastas áreas da consciência do sujeito. O desenvolvimento humano é essencialmente cultural, ou seja, é o resultado da cultura sobre o cérebro da criança. A escola faz parte da cultura naquilo que é específico em relação à instrução científica. Ou seja, o ensino deliberado vai muito além do que as pessoas aprendem; a partir da vivência e do contato com o mundo físico e social é que se forma o cidadão.

O processo de aprendizagem ocorre de fato no interior dos muros escolares, mas em geral ele se inicia na vida cotidiana. Contudo, cabe à escola a sistematização do conhecimento através do ensino deliberado. O ensino, dessa forma, como mostra Vigotski (2008), desempenha um papel crucial no desenvolvimento mental e na evolução da criança.

A instrução transforma e reorganiza o pensamento, não apenas se limitando ao processo de maturação, mas precedendo e acelerando o desenvolvimento do indivíduo. As investigações realizadas por Vigotski (2008, p. 101) demonstram claramente que as bases psicológicas fundamentais referentes ao ensino de disciplinas não antecedem esse ensino, "mas desabrocha[m] numa contínua interação com os [seus] contributos". Portanto, para o autor não há dúvidas de que o ensino precede o desenvolvimento cognitivo do aluno, daí decorre a relevância do processo de ensino e aprendizagem, da presença constante do professor como mediador e da escola como instituição sistematizadora do conhecimento.

Vigotski (2008, p. 101) considera que as relações temporais entre os processos de ensino que ocorrem na escola e o desenvolvimento das funções psicológicas do sujeito não são concomitantes e não acontecem necessariamente ao mesmo tempo: "O ensino tem a sua própria sequência e a sua própria organização, segue um currículo e um horário e não se pode esperar que as suas leis coincidam com as leis internas dos processos de desenvolvimento que solicita e mobiliza" (Vigotski, 2008, p. 101).

Porém, a detecção dos processos de desenvolvimento estimulados pela instrução é uma das tarefas fundamentais no estudo psicológico da aprendizagem. "A instrução é uma das principais fontes dos conceitos das crianças em idade escolar e é também uma poderosa força de orientação de sua evolução, determinando todo o destino do seu desenvolvimento mental" (Vigotski, 2008, p. 86).

Vigotski (2008, p. 104) considera que a imitação desempenha um papel de suma importância no ensino, tanto em relação à fala quanto às matérias escolares. Assim, a imitação nos permite avançar de "algo que conhecemos para algo que não conhecemos".

O período de escolaridade é uma ótima oportunidade para o ensino daquilo que exige da criança a consciência e o controle deliberado, o ensino dessas operações impulsiona o desenvolvimento das funções psicológicas superiores.

Experimentos e pesquisas desenvolvidas por psicólogos, na época em que Vigotski viveu, analisavam os problemas que a criança era capaz de resolver por si mesma e de forma autônoma. A abordagem proposta por Vigotski considerou aquilo que era e é fundamental na compreensão do desenvolvimento infantil: o fato de considerar que a formação de conceito é algo coletivo e cultural. A escola é um espaço privilegiado na formação do sujeito.

O autor ofereceu às crianças com determinada idade mental problemas indicados para crianças de idades mais avançadas, possibilitando um pequeno auxílio na resolução do problema, por meio de algum tipo de ajuda. A descoberta crucial feita pelos estudos de Vigotski consistiu no fato de que, em cooperação, a criança conseguiu resolver problemas originalmente propostos para idades avançadas (obviamente dentro dos limites impostos pelo seu grau de desenvolvimento), diferentemente daqueles que não obtiveram nenhum tipo de ajuda — pois mal conseguiram resolver o esperado para sua idade real.

Portanto, o autor concluiu que "a criança fará (amanhã) sozinha aquilo que é capaz de fazer (hoje), em cooperação". "A discrepância entre a idade mental real de uma criança e o nível que ela atinge quando resolve problemas com auxílio indica a zona do seu desenvolvimento próximo" (Vigotski, 2008, p. 103).

Carvalho (2013, p. 5) interpreta o conceito de Zona de Desenvolvimento Próximo ou Proximal (ZDP) de Vigotski dizendo que é a "distância entre o nível de desenvolvimento real, determinado pela capacidade de resolver um problema sem ajuda, e o nível de desenvolvimento potencial, determinado pela resolução de um problema sob a orientação de um adulto ou em colaboração com outro companheiro" mais experiente.

O desenvolvimento real é aquele já consolidado pelo indivíduo de forma a torná-lo capaz de resolver situações, utilizando o seu conhecimento de forma autônoma, enquanto que o desenvolvimento potencial pode ser inferido com as habilidades que, embora o indivíduo possua, só consegue resolver com a ajuda de um adulto ou companheiro mais capaz (ou seja, o aluno tem potencial para aprender) e, portanto, o aprendizado encontra-se ainda em processo.

A posse de tal informação revela o quão importante é o papel da instrução escolar na vida da criança, além de indicar ao professor caminhos para um ensino colaborativo e uma efetiva mediação, os quais realmente ofereçam a oportunidade de ampliar seus conhecimentos com a ajuda de um adulto ou outro companheiro mais capaz.

2

AS PRÁTICAS DISCURSIVAS E A ARGUMENTAÇÃO

2.1 Definição e compreensão dos termos: discurso e argumentação

O termo "argumento" significa "afirmação". Assim, a "argumentação" propriamente dita é um discurso geralmente utilizado pelo indivíduo para endossar suas hipóteses e tentar convencer as pessoas sobre a validade de uma reivindicação. Argumentar, portanto, é criar algumas justificativas que visam "dar mérito a uma ideia" (Bogar, 2019). Nesse sentido, Leitão (2007, p. 75) entende que argumentação é um processo de negociação, que se caracteriza por defesa de um ponto de vista e considerações de perspectivas contrárias a ele.

O processo de argumentação pode ser tanto individual, quando se trata do pensamento, escrita ou fala do sujeito, quanto social, quando envolve dois ou mais indivíduos ou um grupo de pessoas. Na esfera individual, o sujeito cria argumentos, projeta e avalia em sua mente, mas geralmente não externaliza de forma verbal. É o que Vigotski (2007, 2008) denomina de "discurso interior".

A "razão" (lógica) e a "argumentação" são processos distintos: a primeira trabalha com a melhor capacidade de raciocínio, enquanto a segunda tem como propósito ensinar a defender de maneira mais eficiente o seu ponto de vista. Diante disso, a argumentação é considerada uma prática epistêmica, pelo seu caráter social, no qual o grupo ou a comunidade científica criam evidências para discutir ideias ou concepções convergentes ou divergentes às suas.

Para Bogar (2019), existem três tipos de argumentação: 1) analítica, 2) dialética e 3) retórica.

Analítica: baseada na teoria da lógica. A conclusão é obtida por indução (que parte da observação de casos individuais para generalização de uma teoria) e dedução (que busca por meio dos fatos a verificação ou a comprovação de uma teoria).

Dialética: busca encontrar uma razão que não é aceita como verdade e que faz parte do cotidiano. O objetivo é alcançar novas ideias, por meio de argumentos e raciocínios baseados na concepção atual.

Retórica: usa-se o potencial de uma ideia para convencer seus oponentes, argumentando, discutindo e apresentando provas convincentes para corroborá-la.

Pelo caráter social em que o ser humano vive, ele se envolve em atividades argumentativas em diversas esferas, seja no cotidiano conversando com amigos, na atividade científica apresentando e discutindo teorias ou em um tribunal de júri a fim de convencer o juiz da culpa ou inocência do réu. A argumentação serve para o sujeito expressar sua vontade e, para isso, ele deve organizar de maneira clara e coerente o seu pensamento (Scarpa, 2015).

A argumentação é uma atividade central nas pesquisas na área das ciências da natureza. Para elaborar hipóteses ou previsões, criar modelos ou explicações para os fenômenos naturais, os cientistas "articulam evidências empíricas com pressupostos teóricos, ou seja, constroem argumentos para sustentar ou refutar suas afirmações, persuadindo a comunidade a favor de suas ideias" (Scarpa, 2015).

Segundo Santos e Silva (2021), a argumentação pode ser percebida em vários momentos do processo investigativo, porém ela se torna mais clara ou evidente quando se busca legitimar o conhecimento por meio de um movimento analítico e/ou persuasivo. Tal movimento tem como foco a percepção de coerência entre as conclusões alcançadas com as evidências experimentais obtidas.

A argumentação é considerada uma prática discursiva. Segundo Jimenez e Broccos (2015), entende-se que as interações discursivas ou linguísticas podem ser consideradas argumentativas, quando implicam processos de contraste entre duas (ou mais) posições ou significados, ou processos de negociação de soluções, ainda que uma das posições seja implícita. Porém, os autores consideram que pode haver argumentos tanto no sentido individual, com a articulação de apenas um ponto de vista, quanto social, com a promoção de debate ou embate de ideias.

O ato de argumentar sugere um domínio básico do conteúdo, ou seja, a pessoa que argumenta conhece minimamente sobre o assunto. De maneira geral, um argumento deve conter pelo menos três elementos: dados (evidências), justificativas e conclusão.

Há três papéis para situações argumentativas: o *proponente* (aquele que propõe), o *oponente* (que se apega ao discurso de oposição) e um *terceiro* elemento (centrado no consenso — discurso da dúvida ou questionamento). O consenso é atingido quando ratificado pelo representante do saber disciplinar (geralmente o professor).

Embora intuitivamente associemos o argumento com o discurso oral, Jimenez e Broccos (2015) salientam que o objeto de uma prática argumentativa pode ser um documento impresso ou um texto escrito pautado em argumentos que visem persuadir o leitor em prol de um ponto de vista. Os autores dizem que argumentos sociocientíficos possuem conceitos genéricos e podem não ter uma única resposta ou uma solução apropriada.

Para investigar um processo argumentativo podemos nos basear na "unidade de análise", que pode ser como sugere Carvalho (1996) o "turno de fala". As frases nos turnos podem corresponder aos elementos de um argumento: enunciar a conclusão, sustentá-la com dados ou evidências, relacionar as evidências com a conclusão por meio de justificativas etc. (Jimenez; Broccos, 2015).

De acordo com Jimenez e Broccos (2015), não existe uma única ferramenta metodológica para se estudar a argumentação. O instrumento mais adequado vai depender do enfoque metodológico da pesquisa: neste trabalho optamos por categorizar as práticas epistêmicas e as capacidades argumentativas, a fim de compreender os argumentos dos alunos.

No presente trabalho, adotamos a concepção de argumentação apresentada por Teixeira (2009). Segundo a autora "[...] argumentar é uma atividade social, na qual a interação de ideias conflitantes possibilita a elaboração de conhecimentos mais elevados".

Desse modo, a argumentação ocupa papel central no ensino de ciências, sendo necessário ensinar os alunos a ouvirem e a analisarem os pontos de vista enunciados pelos interlocutores, à luz do conteúdo que está sendo estudado.

2.2 Práticas discursivas e argumentativas no ensino de ciências

No contexto do ensino de ciências, há dois conceitos que se destacam no âmbito do discurso dialógico: *interação discursiva* e *argumentação*.

Diversos autores da área têm se preocupado e se debruçado em pesquisas que buscam compreender o processo argumentativo em sala de aula: Bogar (2019); Duschl e Osborne (2002); Faize, Husain e Nisar (2018); Ibraim e Justi (2022); Jiménez e Broccos (2022); Ortega, Alzate e Bagalo (2015); Osbone, Eduran e Simon (2004); Sampson e Clark (2008); entre outros.

Para Faize, Husain e Nisar (2018), a ideia corriqueira da argumentação é uma "troca acalorada de opiniões entre dois rivais que tentam se derrotar mutuamente". Os autores vão dizer que a argumentação científica não é nada disso! Pelo contrário, é um discurso lógico e racional que busca encontrar em evidências científicas a avaliação e a validação do conhecimento científico.

Assim, no contexto dialógico, a *argumentação* refere-se a algum processo interativo entre indivíduos que convencem "o outro lado" a aceitar ou favorecer uma determinada posição. Nesse sentido, a argumentação é um processo social e dinâmico, envolvendo indivíduos engajados em pensar, construir e criticar o conhecimento.

As pesquisas em ensino de ciências enfatizam que os alunos devem ser educados em práticas educativas que valorizem as habilidades de pensamento científico, tais como as "interações discursivas" e/ou a "argumentação", ao invés de privilegiar a simples memorização.

Segundo Sasseron (2020, p. 6), as interações discursivas "são modos pelos quais professor e estudantes relacionam-se em sala de aula e com os materiais e conhecimentos que ali são construídos e estão à disposição". A autora ainda destaca que as interações discursivas não possuem um único propósito, pois englobam funções que caracterizam a instituição de um ambiente, com apresentação de informações e construção de entendimentos, permitindo inclusive ao professor obter informações que tornem possível avaliar o envolvimento e a aprendizagem de seus alunos, sobre o assunto em foco.

A argumentação é considerada uma prática discursiva com grande potencial para favorecer a aprendizagem no ensino de ciências (Santos; Silva, 2015). Partindo do pressuposto de que os alunos são diferentes, com diferentes experiências, diferentes vivências, crenças, saberes, conhecimentos etc., diante de um fenômeno, certamente terão explicações diferentes sobre ele. Nessas diferenças reside um dos elementos centrais da argumentação. Podemos inferir que, ao interagirem, os sujeitos expressam seus pontos de vista e permitem que os demais também o façam, ouvindo com atenção e, em caso de divergência de opiniões, busquem dados que justifiquem seu discurso, de forma a convencer o seu interlocutor (Teixeira, 2009, p. 57).

É relevante destacar que "a argumentação surge ao longo das interações dialógicas [...]" (Santos; Silva, 2021). Dessa maneira, no ensino de ciências a argumentação tem sido considerada uma abordagem que propicia a vivência de práticas científicas em sala de aula, através de trabalhos de investigação, que são propostos aos alunos.

Para Bogar (2019), do ponto de vista do aluno, a argumentação só traz benefícios, pois melhora a sua capacidade de raciocínio, valoriza suas ideias, permite o trabalho colaborativo na resolução de problemas, desenvolve o pensamento crítico e permite ao aluno compreender a natureza da ciência (Leitão, 2007).

Do ponto de vista do professor, Bogar (2019) vai dizer que ele deve propiciar um ambiente agradável e confiável para encorajar seus alunos a expressarem suas ideias, apoiando sempre seus argumentos; deve instruir os alunos em atividades escritas e orais; deve ajudar os alunos a desenvolverem competências cognitivas de ordens superiores.

Faize, Husain e Nisar (2018) concordam com essas ideias apresentando três elementos relevantes para o professor envolver os alunos: (i) proporcionar um ambiente de aprendizagem adequado e estimulante, baseado na resolução de problemas; (ii) encorajar os alunos a pensarem por si e a se questionarem todo o tempo; (iii) fornecer aos alunos instruções e informações sobre a estrutura e os componentes da argumentação.

2.3 Promovendo o discurso em sala de aula: atividades investigativas (SEI)

Muito se fala em processos ativos de aprendizagem, apresentados como inovações muito atuais e de fácil aplicação no ensino, mas não tem igual repercussão o fato das pedagogias ativas terem mais de cem anos de história, de serem complexas, mas ainda assim possíveis de serem utilizadas logo nos anos iniciais do ensino fundamental. As Sequências de Ensino Investigativas (SEI) são estratégias de ensino em que o aluno atua diretamente sobre o objeto de ensino, buscando solucionar um problema, que faz parte do seu dia a dia. Sendo assim, o foco recai sobre o protagonismo da criança e torna o conteúdo motivador para esse aluno.

As Sequências de Ensino Investigativas (SEI), segundo Carvalho (2013), são atividades previamente planejadas pelo professor, versando sobre um tópico específico do ensino, levando em consideração os objetos de estudo e, principalmente, as interações didáticas que se estabelecem em sala de aula, por meio do diálogo do aluno com os colegas e com o professor. Os objetivos dessas interações são: a construção de conceitos científicos, a argumentação discursiva na qual o aluno é capaz de defender seu ponto de vista e a alfabetização científica visando à enculturação e à formação do indivíduo para a cidadania, tais como podem ser vistos em Sasseron (2015); Sasseron e Carvalho (2009); Sasseron e Carvalho (2015); Sasseron e Duchsl (2015).

A estrutura de uma SEI pode ser flexível, no entanto, geralmente o professor apresenta um problema a ser pensado e resolvido pelo aluno. É comum a classe ser dividida em grupos para manipular os objetos e refletir sobre o problema na busca de soluções. Em seguida o professor promove um diálogo entre os grupos no qual emerge uma "chuva de ideias" que contribuem para a formação de conceitos. Por fim, os alunos têm que registrar de forma escrita e/ou por meio de desenhos o percurso e a solução encontrada.

Baseado no processo ativo de aprendizagem, na dialogicidade (processo argumentativo) em sala de aula e na alfabetização científica, Carvalho (2013) propõe as Sequências de Ensino Investigativas (SEI) definidas, por ela, como sendo:

> Sequências de atividades (aulas) abrangendo um tópico do programa escolar em que cada uma das atividades é planejada, sob o ponto de vista do material e das interações didáticas, visando proporcionar aos alunos: condições de trazer seus conhecimentos prévios para iniciarem os novos, terem ideias próprias e poder discuti-las com seus colegas e com o professor passando do conhecimento espontâneo ao científico (Carvalho, 2013, p. 9).

De acordo com a estrutura de uma Sequência de Ensino Investigativa, citada anteriormente, é fundamental que haja um problema na gênese do conhecimento, que seja desencadeador de novos saberes e que este seja significativo para o aluno. Sendo assim, é recomendado que o problema esteja relacionado com o cotidiano e que provoque inquietações nos estudantes.

No caso das atividades prático-experimentais, os materiais necessários à atividade são distribuídos pelo professor aos alunos, de modo que os materiais fiquem dispostos nas bancadas. O docente propõe um problema para ser resolvido pelos estudantes, deixando as crianças manipularem os objetos, levantarem e testarem suas hipóteses (colocando as ideias em prática).

Nessa perspectiva, Carvalho (2013, p. 11-12) considera que a partir das hipóteses daquilo que "deu certo" é que os discentes têm a oportunidade de construir os conhecimentos e é a partir dos erros, ou seja, do que "não deu certo", que eles acabam eliminando as variáveis irrelevantes na solução do problema. Segundo a autora: "o erro ensina... e muito"! As tentativas e erros são fundamentais nesse processo e o professor deve orientar as atividades, sem dar uma resposta pronta e definitiva aos alunos.

Ao finalizar uma Sequência de Ensino Investigativa (SEI), é necessário avaliar todo o processo. Dessa forma, para Carvalho (2013, p. 18) "avaliar os conteúdos conceituais é uma tradição no ensino, e os professores não têm dificuldades em construir instrumentos para essa avaliação". No entanto, quando se trata da avaliação formativa de um processo: "Os conteúdos processuais e atitudinais não são tão comuns de serem avaliados na escola, mas nas Sequências de Ensino Investigativas — SEIs, essas avaliações se tornam importantes, pois fazem parte integrante do ensino de ciências como investigação" (Carvalho, 2013, p. 18).

Em face do que foi explicitado anteriormente, quando se trata de avaliar procedimentos e atitudes em uma Sequência de Ensino Investigativa (SEI), temos que verificar os comportamentos dos alunos. No domínio procedimental, podemos observar maior envolvimento dos alunos, mais autonomia, oportunidade de falar e descrever (dar voz aos alunos) as sequências das ações realizadas, a relação de causa e efeito, a explicação do fenômeno observado etc.

A aprendizagem atitudinal permite que o aluno traga seu conhecimento cotidiano, valoriza o erro, revela "o esperar" a sua vez de falar ou prestar atenção na fala do colega; escrever o verbo no plural respeitando a participação do grupo, entre outros. Assim, uma avaliação formativa deve reconhecer os avanços e conquistas das crianças e conscientizá-los do que precisa ainda ser alcançado (Carvalho, 2013, p. 19-20).

Após a atividade e a resolução dos problemas por parte dos alunos, é necessário que o professor promova uma contextualização coletiva, mostrando a importância da aplicação do conhecimento sob o ponto de vista social do aluno. A Sequência de Ensino Investigativa (SEI) se encerra e pode ser avaliada com a sistematização do conhecimento, por meio de desenho e escrita, ou seja, produções textuais e gráficas nas quais as crianças descrevem e narram como conseguiram chegar à solução do problema.

A sistematização dos conhecimentos, segundo Carvalho (2013, p. 12), ocorre por meio da pergunta "como vocês conseguiram resolver o problema?", por meio da qual o professor busca fomentar a participação dos alunos. Normalmente, a classe é organizada em um grande círculo para que haja o debate e a troca de ideias. A ação intelectual (por meio do que fizeram), as hipóteses (que "deram certo") e como foram testadas mobilizam a participação do aprendiz. A justificativa para a explicação do fenômeno ou mesmo uma explicação causal caracterizam a argumentação científica.

A etapa da sistematização individual do conhecimento envolve o "escrever" e o "desenhar". Nesse momento, os alunos têm a oportunidade de se apropriar individualmente do que foi discutido de forma coletiva.

A atividade de contextualização pode começar com questões do tipo: "onde vocês verificam esse fenômeno no dia a dia?"; "o que vocês observam que poderia ter uma explicação semelhante?". Atividades ou textos de contextualização "devem ser seguidos de questões que relacionem o problema investigado com o problema social ou tecnológico" (Carvalho, 2013, p. 9).

De acordo com Pedaste *et al.* (2015) *apud* Santos e Silva (2015), a elaboração de uma Sequência de Ensino Investigativa (SEI) não segue um plano rígido a ser seguido, mas deve ter um ciclo investigativo composto de fases ou etapas, que podem ser resumidamente as seguintes:

a. Fase de orientação: explorar as concepções prévias dos alunos e estimular seu interesse e curiosidade em relação a um problema;

b. Fase de conceituação: compreensão de conceitos e levantamento de hipóteses;

c. Fase da investigação: teste de hipóteses, planejamento e ação, experimentação, coleta de dados e análise dos dados;

d. Fase da conclusão: conclusão dos resultados, baseada no estudo realizado;

e. Fase de discussão: comunicação das descobertas e reflexão sobre os resultados obtidos.

2.4 Práticas epistêmicas e capacidades argumentativas

Elegemos para a análise e interpretação dos dados as práticas epistêmicas e as capacidades argumentativas e suas respectivas categorias, que explicitaremos nesta seção. Nelas o diálogo, as práticas discursivas e a argumentação se fazem presentes. Sendo assim, Kelly e Licona (2018) pontuam algumas potencialidades do discurso, que devemos considerar:

a. As práticas discursivas são centrais para os processos de busca, construção e refinamento de afirmações de conhecimento na ciência;

b. O discurso refere-se à linguagem em uso, incluindo comunicação verbal e não verbal;

c. O uso de discursos (falados, escritos, simbólicos) impõe demandas comunicativas aos alunos.

As práticas epistêmicas, embora sejam utilizadas na educação, surgem de estudos nos campos da história, filosofia e sociologia da ciência, aliados a concepções sobre a sociologia, antropologia, ciências cognitivas e retórica. Esses estudos interdisciplinares examinam o funcionamento interno das instituições científicas e as práticas, os discursos e a cultura das comunidades científicas: "Recorremos aos estudos da ciência [...] para examinar os processos e valores associados a quatro categorias de *práticas epistêmicas* — propor, comunicar, avaliar e legitimar reivindicações de conhecimento" (Kelly; Licona, 2018, p. 139).

Saber falar e pensar sobre ciência é sobretudo "aprender as práticas epistêmicas associadas à produção, comunicação e avaliação do conhecimento":

> Eu defino práticas epistêmicas como as formas específicas pelas quais os membros de uma comunidade propõem, justificam, avaliam e legitimam as reivindicações de conhecimento dentro de uma estrutura disciplinar (Kelly, 2008, p. 99, tradução nossa).

Consideramos a "proposição" o ato de propor ou sugerir algo; a "comunicação" ou "explicação" consistiria em esclarecer ou tornar legível alguma coisa; "legitimação" é o ato de tornar aceitável através de autoridade ou conferir legitimidade; e "avaliação" é a determinação sistemática do mérito ou atribuição de valor a uma determinada coisa.

Santos e Silva (2015, p. 213) definem melhor essas práticas epistêmicas:

- "A instância social de proposição do conhecimento compreende as atividades que ocorrem, geralmente, no início de um ciclo investigativo [...], quando os alunos articulam os próprios saberes ao planejar e executar ações para obtenção de dados. Portanto, é nessa instância que os alunos fazem observações, elaboram questões e hipóteses, planejam investigações voltadas a tais questões, realizam experimentos, obtêm e registram os dados produzidos e elaboram modelos [explicativos]" (Santos; Silva, 2015, p. 213).

- "Na [...] comunicação, os alunos buscam interpretar e dar significados aos dados, sendo esses representados por meio de diferentes linguagens. Os alunos desenvolvem uma linha de raciocínio científico, negociam explicações baseadas em raciocínio e evidências e comunicam tais explicações oralmente ou por escrito" (Santos; Silva, 2015, p. 213).

- "Na instância de legitimação, busca-se construir consenso de grupo para as explicações científicas e reconhecer um conhecimento como relevante para a comunidade epistêmica" (Santos; Silva, 2015, p. 213).

- "A [...] avaliação do conhecimento envolve avaliar procedimentos e conhecimentos produzidos ao longo da investigação. [...]. Avaliam-se os méritos de uma afirmação, dados ou modelos, bem como uma linha de raciocínio ou explicação científica" (Santos; Silva, 2015, p. 213).

Segundo Kelly e Licona (2018) envolver-se em práticas epistêmicas é aprender como o conhecimento é produzido: as potencialidades da busca por soluções, ao invés de um conhecimento pronto e acabado; o valor da persuasão sobre a força, da mente aberta sobre o dogma, dos dados analisados sobre as opiniões, e assim por diante.

Nesse sentido, o papel do professor é fundamental nesse processo dialógico, principalmente ao considerar que o importante não é a resposta correta do aluno, mas, sim, a maneira como ele estrutura seu pensamento, reconhecendo que aprender é um processo complexo:

> Os professores podem apoiar o aprendizado fornecendo feedback aos alunos: promovendo a comunicação de ideias

científicas, desenvolvendo raciocínio científico e desenvolvendo a capacidade de avaliar o status epistêmico que pode ser associado a alegações científicas (Kelly, 2008, p. 101, tradução nossa).

Cabe destacar a importância da colaboração entres "os colegas" e entre "os alunos e o professor". Isto é, não basta colocar os alunos em grupos e deixá-los interagir espontaneamente, é necessário orientá-los para que haja saltos qualitativos no desenvolvimento cognitivo do aluno (imaginação e criatividade), superando seus limites e conflitos (Bastos, 2017, p. 114).

Segundo Kelly e Licona (2018), existem basicamente duas formas de alfabetização científica: a fundamental (que busca a proficiência na leitura e escrita de textos científicos) e a derivada (que visa a um conhecimento amplo sobre as questões sociocientíficas). A ciência investigativa e as questões sociocientíficas partilham um objetivo comum: afastar-se da abordagem tradicional que dá pouca atenção para como o conhecimento é construído.

A ação de argumentar tem, segundo Justi (2015, p. 34), três objetivos básicos: atribuição de sentido (quando o sujeito tenta relacionar as afirmações com evidências empíricas); atribuição de ideias (comunicar aos interlocutores um argumento plausível); e persuasão (utiliza uma ideia na tentativa de convencimento de outras pessoas).

Decorrentes desses objetivos, Justi (2015, p. 35) define cinco capacidades argumentativas: (i) lidar com evidências; (ii) elaborar argumentos; (iii) elaborar teorias alternativas; (iv) elaborar contra-argumentos; e (v) refutar uma ideia.

Justi (2015) define de maneira mais clara essas capacidades argumentativas:

- Lidar com evidências: identificar observações, fatos ou dados que podem ser usados como evidências em um determinado contexto; planejar experimentos investigativos que possam produzir algumas evidências; articular essas evidências com uma justificativa coerente;

- Elaborar argumentos: um argumento científico pode ser definido como "uma afirmação devidamente subsidiada por justificativa(s) de natureza empírica e teórica". A elaboração de justificativas requer a seleção de evidências a partir de dados e o estabelecimento de relações coerentes entre elas e teorias e/ou modelos aceitos no contexto em questão. O poder de persuasão requer movimentos retóricos usados na fala e na escrita, com o objetivo de ponderar e dar forças às conclusões;

- Contra-argumentar: há evidências que apoiam ou contradizem nossas ideias. Assim, devemos estar abertos aos novos conhecimentos e a modificar nossos pensamentos;
- Teorias alternativas: uma teoria que seja diferente da que acreditamos, mas igualmente plausível. Nesse sentido, elas passam a coexistir. Um determinado problema pode ter (e frequentemente tem) mais de uma explicação ou resposta;
- Refutar: a prática argumentativa envolve a discussão entre dois sujeitos com opiniões distintas sobre uma mesma questão, com o objetivo de se chegar a um consenso em relação a qual opinião é mais adequada. Assim, na prática argumentativa o sujeito tem que defender sua teoria e refutar a concepção concorrente.

2.5 Indicadores de alfabetização científica

Para entender o significado do termo "alfabetização científica", Sasseron e Carvalho (2011, p. 61) desmembram o termo, dizendo que alfabetização "deve desenvolver em uma pessoa qualquer a capacidade de organizar seu pensamento de maneira lógica, além de auxiliar na construção de uma consciência mais crítica em relação ao mundo que a cerca". O termo científico deve partir de atividades problematizadoras, temáticas que sejam capazes de relacionar e conciliar diferentes áreas e esferas da nossa vida, "ambicionando olhar para as ciências e seus produtos como elementos presentes em nosso dia-a-dia" (Sasseron; Carvalho, 2011, p. 66). De acordo com as autoras, para promover a alfabetização científica, é fundamental que os alunos já estejam alfabetizados e saibam "ler e escrever".

O aluno alfabetizado cientificamente não precisa saber tudo sobre ciências, mas ter clareza de estudos e conhecimentos que tenham implicações diretas no mundo em que ele vive. O objetivo maior do currículo deve ser "formar o cidadão". Dessa forma, segundo Sasseron e Carvalho (2009, p. 145) o foco deixa de estar somente no ensino de conceitos e métodos, para ressaltar também a natureza da ciência e as implicações sociais e ambientais. Sendo assim, busca-se organizar o pensamento do aluno de maneira lógica, oferecendo a ele condições para que tenha uma visão mais crítica da realidade que o cerca, a fim de se ter um posicionamento consciente frente aos problemas, podendo elaborar estratégias e planos de ação (Bastos, 2017, p. 81-82).

A literatura da área mostra que alfabetização científica possui basicamente três eixos estruturantes fundamentais os quais devem ser considerados no processo de ensino e aprendizagem (Sasseron; Carvalho, 2011, p. 75; Sasseron, 2015, p. 57): (i) compreensão básica de termos, conhecimentos e conceitos científicos fundamentais; (ii) compreensão da natureza das ciências e dos fatores éticos e políticos que circundam sua prática; e (iii) o entendimento das relações existentes entre ciência, tecnologia, sociedade e meio ambiente.

Acreditamos que esses três eixos serão contemplados ao longo da educação básica (não necessariamente de forma igual, e nem em todos os anos da escolaridade). Trata-se de um processo contínuo no qual os alunos podem começar a tomar contato com a forma como a ciência é produzida, bem como de suas relações com outras esferas da sociedade. Esses aspectos têm início na vida escolar e serão tratados de forma crescente ao longo dos anos, ganhando complexidade e importância.

Desse modo, ao preparar os alunos, levando em consideração esses três eixos estruturantes, Sasseron e Carvalho (2009, p. 146) consideram que "estaremos despertando oportunidades [...] para que sejam discutidas e pensadas ações e medidas, que considerem a necessidade de um desenvolvimento sustentável para a sociedade e para o planeta".

Sasseron e Carvalho (2009, p. 152) consideram que, no processo de alfabetização científica, os alunos desenvolvem algumas habilidades que podem ser evidenciadas por indicadores da alfabetização científica, tais como: (i) "explicação" de um problema; (ii) "levantamento de hipóteses" como forma de apresentar sua alegação; (iii) "previsão" que decorre dessas hipóteses; (iv) "justificativa" utilizada para assegurar suas ideias; e (v) "raciocínio lógico" demonstrado na estruturação de seus argumentos. Estando esses elementos presentes podemos inferir que há indícios da presença da alfabetização científica.

3
METODOLOGIA DO TRABALHO DE PESQUISA

Ao longo deste capítulo justificaremos ao leitor as características desta pesquisa, que pode ser classificada como "qualitativa" e "estudo de caso". Em seguida, apresentaremos também os sujeitos da pesquisa e a caracterização do lócus de pesquisa (escola, classe e grupo de alunos com os quais trabalhamos), os instrumentos de coleta de dados (gravações em áudio e vídeo e as produções das crianças) e explicitamos os passos e os caminhos que trilhamos ao longo do processo investigativo e na constituição dos dados utilizados para a interpretação à luz do referencial que adotamos.

3.1 Definição e justificativa da escolha metodológica

Esta pesquisa é de caráter qualitativo e denominamos como um estudo de caso, baseado em nossos referenciais metodológicos. Segundo Chizzotti (2014, p. 136) e Yin (2001, p. 31), o estudo de caso não pode ser confundido com a pesquisa etnográfica, observação participante ou trabalho de campo.

Segundo Chizzotti (2014, p. 135-136), o estudo de caso é uma estratégia bastante comum na atividade educacional, e normalmente "visa explorar um caso singular bem delimitado e contextuado em tempo e lugar para realizar uma busca circunstanciada de informações sobre um caso específico".

Pode ser estudado um aluno em particular ou aquilo que o autor chama de uma "comunidade", ou seja, um "grupo relativamente homogêneo de pessoas com relações interacionais difusas". Assim, pode se deter em um coletivo de pessoas (analisando uma dificuldade específica de um conjunto de alunos, por exemplo) a fim de analisar uma particularidade (Chizzotti, 2014, p. 136).

O objetivo dessa modalidade de pesquisa é reunir os dados relevantes sobre o objeto de estudo para "alcançar um conhecimento mais amplo sobre ele, dissipando as dúvidas, esclarecendo questões pertinentes" e, principalmente, "instruindo ações posteriores" (Chizzotti, 2014, p. 135). O autor define esse tipo de pesquisa como sendo um:

> Estudo que envolve a coleta sistemática de informações sobre uma pessoa particular, [...] ou, ainda, um conjunto de relações ou processo social para melhor conhecer como são ou como operam em um contexto real e, tendencialmente, visa auxiliar tomadas de decisão, ou justificar intervenções, ou esclarecer por que elas foram tomadas ou implementadas e quais foram os resultados (Chizzotti, 2014, p. 136).

Segundo Yin, "Um estudo de caso é uma investigação empírica que investiga um fenômeno contemporâneo dentro de seu contexto da vida real, quando os limites entre o fenômeno e o contexto não são claramente definidos" (Yin, 2001, p. 32).

O autor alerta que "fenômeno e contexto não são sempre discerníveis em situações da vida real". E avançando na sua definição ele diz que nesse tipo de investigação "haverá muito mais variáveis de interesse do que pontos de dados"; "baseia-se em várias fontes de evidências" e "beneficia-se do desenvolvimento prévio de proposições teóricas para conduzir a coleta e a análise de dados" (Yin, 2001, p. 32-33).

Um estudo de caso pode ser definido quanto aos objetivos da investigação, podendo ser: (i) *intrínseco* — que procura conhecer um caso particular em si (compreender aspectos intrínsecos de um caso particular, seja uma criança, um paciente, um currículo etc.); (ii) *instrumental* — que visa esclarecer uma questão ou refinar uma teoria; e (iii) *coletivo* — que amplia a compreensão ou teorização, a partir de uma coleção mais ampla de casos conexos (Chizzotti, 2014, p. 137).

Para conduzir com sucesso o estudo de caso é necessário que: "Se tenha firme domínio das questões em estudo, seja capaz de fazer perguntas e de ouvir sem se prender às próprias convicções ou ideologias, seja flexível diante de situações imprevistas e esteja apto a interpretar os resultados" (Yin, 2001 *apud* Chizzotti, 2014, p. 139).

O autor explicita que na fase inicial é indispensável analisar a literatura existente sobre as primeiras noções que orientarão a definição da unidade que será tomada como "caso", ou seja, em nosso contexto, dos indivíduos da pesquisa. Deve-se ter claro o problema a ser estudado e o objetivo pretendido, bem como as fontes materiais disponíveis para o estudo. Também, é indispensável o contato antecedente para se obter o consentimento ativo dos envolvidos no problema em estudo. No trabalho de campo deve haver uma coleta sistemática de informações. Os registros devem ser arquivados para consulta ou análises posteriores ou externas. E, finalmente, o texto final deve apresentar as "descobertas feitas" (Chizzotti, 2014, p. 138-139).

3.2 Práticas epistêmicas e capacidades argumentativas

Argumentar é uma ação que está centrada no ato de pensar. Justi (2017) define o termo "argumento" como uma "afirmativa acompanhada de uma justificativa, sendo esta, sustentada por evidências". A argumentação tem, segundo a autora, três objetivos principais: (i) atribuir sentido no que está sendo discutido; comunicar ou articular ideias por meio do diálogo; (ii) articular ideias a fim de comunicá-las na argumentação; e (iii) persuadir seu opositor, convencendo-o de que seu ponto de vista está correto.

Tendo em mente esses pressupostos, no Quadro 1 Justi (2017) explicita as capacidades argumentativas, que contemplam suas respectivas habilidades. Utilizaremos este quadro para constituir nossas categorias, a fim de fundamentar nossas análises dos episódios de ensino. São elas:

Quadro 1 – Capacidades e habilidades argumentativas

Capacidades argumentativas	Habilidades
Lidar com evidências	Observar ou se apoiar em fatos/dados experimentais, a fim de dar suporte a uma opinião, ou seja, articular tais evidências com uma justificativa plausível, de forma a elaborar um argumento coerente.
Elaborar argumentos	Movimento retórico usado na fala ou na escrita com objetivo de dar força/sustentar suas conclusões, a fim de convencer/persuadir seu opositor.
Contra-argumentar	Analisar as evidências a partir de outros pontos de vista, com justificativas que possam ser contrárias às nossas próprias ideias.
Elaborar teorias alternativas	Habilidade de conviver com duas ou mais explicações para uma mesma situação.
Refutar	Capacidade do sujeito de defender a sua teoria como a mais correta, refutando uma teoria alternativa à sua.

Fonte: adaptado de Justi (2017)

Aliadas a essas capacidades argumentativas temos as práticas epistêmicas, que também constituirão nossas categorias de análise. As práticas epistêmicas estão relacionadas às formas de comunicação dos cientistas sobre os resultados do seu trabalho para a comunidade científica. No ensino de ciências é por meio dessas práticas que os alunos aprendem a conhecer o mundo à sua volta e "falar ciências", que transcende ao conhecimento científico, e o torna um sujeito crítico e atuante.

As práticas epistêmicas são definidas por Kelly (2008) no Quadro 2 como: (i) proposição, (ii) explicação/comunicação, (iii) legitimação e (iv) avaliação do conhecimento. São elas:

Quadro 2 – Práticas epistêmicas

Práticas epistêmicas	Definição
Proposição	Ato de propor ou sugerir algo.
Comunicação	Esclarecer ou tornar legível alguma coisa.
Legitimação	Ato de tornar aceitável através de autoridade ou conferir legitimidade.
Avaliação	Determinação do mérito ou atribuição de valor a uma determinada ideia.

Fonte: adaptado de Kelly (2008)

3.3 Instrumentos para a coleta de dados

Os instrumentos utilizados para a coleta das informações e obtenção dos dados da pesquisa foram: (i) os cartazes com as figuras de frutas, produzidos pelos grupos de alunos; (ii) as produções individuais dos alunos, em folha sulfite (textos e desenhos); e (iii) foram feitas gravações em vídeo completas, com imagem e som das ações e argumentações dos alunos, que possibilitaram as transcrições do áudio (fala dos alunos) durante os encontros.

A professora distribuiu aos grupos uma cartolina com algumas figuras de frutas obtidas por meio de sites da internet e impressas em papel colorido. O objetivo era que os alunos colassem essas fotos no centro da cartolina e com canetas azul e vermelha fossem distribuindo ao redor textos ou figuras de coisas que ajudam a conservar e que contribuem para a degeneração das frutas.

No trabalho individual, os alunos deveriam relatar e ilustrar com desenhos em folha sulfite o que o seu grupo produziu e o que eles aprenderam e consideraram ser fatores de conservação ou degeneração das frutas.

Outra forma de coleta e registro das informações foi a gravação em vídeo. Esses vídeos foram registrados pela câmera de um dos autores deste livro, que é especialista na área de ensino de ciências. A professora percorria as bancadas dos referidos grupos e o cinegrafista a acompanhava para registrar as ações, gestos e principalmente a fala dos integrantes dos grupos. Essas gravações (em MP4 *video file* (VLC)) foram transpostas da câmera para um *notebook* e os dados foram transcritos para que pudessem ser analisados.

No início, a presença de uma pessoa desconhecida pelos alunos, com um celular e registrando os acontecimentos (filmando), afetou um pouco o comportamento das crianças, que ficaram tímidas, mas decorridos os momentos iniciais os alunos se acostumaram com a nova situação e a aula passou a transcorrer normalmente, com a participação ativa dos alunos.

Para que as gravações em vídeo pudessem se constituir em dados de pesquisa para serem analisados, foi necessário selecionar o que Carvalho (1996) denominou de "episódios de ensino". Esses episódios são trechos explícitos da expressão dos alunos, que resgatam os aspectos essenciais do pensamento sob um tópico de ensino, ou seja, a situação que queremos investigar e que se fazem presentes na fala dos participantes da pesquisa.

Os episódios de ensino nem sempre são obtidos de forma cronológica e sequencial. Eles aparecem dispersos em momentos distintos das gravações. O importante é que eles façam parte do "problema em análise" e concentrem, no diálogo, as ideias gerais ou conceitos centrais dos conceitos que estão sendo discutidos.

3.4 Apresentação e descrição da Sequência de Ensino Investigativa (SEI)

Nesta seção, apresentamos ao leitor um cronograma da Sequência de Ensino Investigativa (SEI) que foi desenvolvida nos dias 18 e 25 de novembro de 2022. Essa sequência foi elaborada e aplicada pela professora, que é autora deste livro. O assunto abordado versou sobre as transformações irreversíveis que ocorrem nas frutas, visando discutir agentes que ajudam a conservar e agentes que contribuem com a degeneração das frutas.

Essa sequência foi aplicada em dois encontros de 3 horas de duração totalizando 6 horas-aula. No primeiro encontro (18/11/2022) foi realizado um levantamento das concepções prévias dos alunos. Em seguida os grupos se reuniram para discutirem agentes que conservam e que degeneram as frutas, e cada integrante registrou de forma individual em uma folha de sulfite. Posteriormente, os grupos receberam materiais para produzirem os cartazes. Neles eles deveriam colar figuras de frutas na parte central da cartolina e distribuir ao redor figuras ou textos de agentes que contribuem para conservar ou degenerar as frutas. Finalmente, os grupos receberam frutas reais e objetos para embalar, para que na semana seguinte eles pudessem verificar o estado de conservação. As decisões dos grupos também foram registradas de forma individual por cada integrante.

Na semana seguinte (25/11/2022) eles receberam as frutas novamente e puderam desembalar e verificar o estado de conservação, confrontando se as hipóteses iniciais dos grupos foram corroboradas, ou seja, se a forma e o material de embalar as frutas contribuíram ou não para sua conservação.

O Quadro 3 apresenta um panorama e ilustra, de forma geral, o que foi trabalhado com os alunos no decorrer da aplicação da Sequência de Ensino Investigativa (SEI), descrita anteriormente.

Quadro 3 – Atividades desenvolvidas com os alunos ao longo da pesquisa

Encontro	Dia de aplicação	Tema trabalhado
1	18/11/2022	Conversa no "grande grupo": transformações que "têm volta" (reversíveis) e transformações que "não têm volta" (irreversíveis). Levantamento dos conhecimentos prévios dos alunos sobre o tema, citando exemplos do cotidiano.
		Divisão dos alunos em grupos: levantamento de hipóteses sobre o que faz as frutas estragarem e como é possível conservá-las por mais tempo.
		Elaboração de cartazes pelos alunos. A professora distribuiu cartolina e figuras de frutas. Os alunos deveriam escrever e desenhar o que faz as frutas se conservarem ou degenerarem, ligando com caneta azul e vermelha, respectivamente.
		Cada grupo recebeu algumas frutas e teve o seguinte problema a ser resolvido: como conservar de forma mais eficiente (de maneira melhor) o alimento? Foram fornecidos papel-alumínio, filmes plásticos, folhas sulfite, papel-toalha, recipiente plástico com e sem tampa, espaço no refrigerador etc.
		Os alunos receberam uma folha de sulfite e deveriam relatar, por meio de escrita e desenho, o que eles supunham que iria acontecer com as frutas na semana seguinte.

Encontro	Dia de aplicação	Tema trabalhado
2	25/11/2022	Retomada das atividades desenvolvidas na aula anterior. Cada grupo recebeu as frutas que haviam embalado, para que os alunos observassem como estavam e confrontassem a situação/estado das frutas com suas hipóteses anteriores. Registro em folha de sulfite das observações realizadas.

Fonte: autoria própria

Para planejamento e adaptação das atividades realizadas, utilizamos como referência o livro do 4º ano de Ciências (anos iniciais) do ensino fundamental, Ápis, Editora Ática, do autor Rogério G. Nigro (Nigro, 2017).

Na unidade 3 desse livro didático, encontramos o tópico referente aos "recursos naturais e transformações". Nessa unidade são tratados os temas "transformações reversíveis e irreversíveis". De acordo com o livro, as habilidades presentes nesses conteúdos, de acordo com a Base Nacional Comum Curricular (BNCC), Brasil (2017), são as seguintes:

- EF04CI01: Identificar misturas na vida diária, com base em suas propriedades físicas observáveis, reconhecendo sua composição.
- EF04CI02: Testar e relatar transformações nos materiais do dia a dia, quando expostos a diferentes condições (aquecimento, resfriamento, luz e umidade).
- EF04CI03: Concluir que algumas mudanças, causadas por aquecimento ou resfriamento, são reversíveis (como as mudanças de estado físico da água) e outras não (como o cozimento do ovo, a queima do papel etc.).
- EF04CI04: Relacionar a presença de fungos e bactérias no processo de decomposição, reconhecendo a importância ambiental desse processo.

Inicialmente, levantamos os conceitos prévios dos alunos sobre as "transformações que têm volta" e as "transformações que não têm volta" sem mencionar aos alunos os termos científicos "reversível" ou "irreversível".

Fizemos na lousa duas colunas: a primeira classificando as transformações que ocorrem e que podem ser revertidas, quando aquecidos ou resfriados, tais como gelo, chocolate e metais. Na segunda coluna, listamos as transformações que ocorrem na natureza e em que é impossível retroceder e voltar ao estado original, como a queima do papel, a degeneração das frutas e a ferrugem nos metais.

Em seguida, a professora pediu aos alunos que conversassem com os seus colegas de grupo e discorressem sobre como é possível retardar o apodrecimento das frutas. Passado algum tempo, os alunos deveriam registrar em papel sulfite suas concepções e as principais sugestões que foram veiculadas pelos integrantes do seu grupo.

Os alunos receberam da professora os seguintes materiais: figuras de frutas (goiaba, banana, mamão e morango) extraídas da internet, cartolina, cola, tesoura, papel sulfite e lápis. Também receberam um roteiro explicativo da atividade. Eles deveriam desenhar ou representar e colar na cartolina as coisas que eles acreditam que fazem as frutas estragarem ou se conservarem. Com uma caneta vermelha, eles deveriam circular e ligar as coisas que fazem as frutas estragarem. Com a caneta azul, as coisas que fazem as frutas se conservarem por um período maior.

O próximo passo foi a proposição de uma atividade experimental com frutas reais, que foram entregues aos grupos. Assim, eles receberam um mamão, um morango, uma goiaba e uma banana. Receberam também objetos para embalar as frutas, tais como: filme plástico, papel-alumínio, papel-toalha umedecido, potes e tiveram à disposição a geladeira da escola para acondicionar as frutas.

A instrução era para que o grupo pensasse uma forma de conservar as frutas de forma mais eficiente possível. Cada grupo pôde decidir qual fruta preferiam proteger, ou de que forma envolver a fruta na tentativa de fazer com que ela durasse por mais tempo. Assim, alguns grupos preferiram embalar o morango com filme plástico, outros preferiram guardar o mamão na geladeira e outros ainda preferiram envolver a banana no papel-alumínio, de forma que várias composições foram possíveis e buscadas, dependendo da decisão dos integrantes dos grupos.

Essas frutas foram reservadas durante uma semana para que fossem observadas em um próximo encontro. Esse tempo talvez tenha sido longo demais, principalmente devido ao período de calor que estávamos atravessando. Passado esse tempo, os alunos puderam desembalar as frutas e verificar seu estado de conservação. Obviamente, passado esse tempo, todas as frutas sofreram deterioração: umas estragaram mais, outras menos.

Os alunos e os grupos puderam, por meio da observação, levantar hipóteses e chegar às conclusões sobre os agentes que fazem as frutas se deteriorarem mais rapidamente. O próximo e último passo foi fazer um relato das suas observações e das conclusões tiradas pelo grupo, por meio de uma breve redação narrativa/dissertativa e por meio da representação gráfica na forma de desenhos.

Para finalizar todo o processo, a professora promoveu uma discussão coletiva trabalhando sob o enfoque Ciência, Tecnologia, Sociedade e Ambiente (CTSA), onde os alunos puderam refletir sobre o desperdício, a fome e a tecnologia presente no mundo atual que permite conservar os alimentos.

A pesquisadora planejou a Sequência de Ensino Investigativa (SEI) relacionada à conservação e degeneração das frutas e providenciou os materiais para que houvesse uma quantidade suficiente para cada aluno ou grupo.

O esquema a seguir representa as etapas da Sequência de Ensino Investigativa:

Figura 2 – Esquema da Sequência de Ensino Investigativa (SEI)

Fonte: autoria própria

Vamos detalhar as diversas etapas da Sequência de Ensino Investigativa, sobre a conservação e degeneração das frutas, que foi elaborada por nós e aplicada em uma turma do 4º ano do ensino fundamental:

1º encontro (aula 18/11/2022)

- <u>1ª etapa</u> – *Levantamento das concepções prévias dos alunos sobre transformações reversíveis (aquelas que têm volta) e irreversíveis (as que não têm volta)*

A professora perguntou se os alunos conseguiam perceber que as coisas existentes ao nosso redor passam por processos de transformação. Em alguns processos há como voltar ao estado original e reestabelecer o estado inicial, tal como era antes; em outros, uma vez que as transformações ocorrem, as coisas jamais voltam ao seu estado original.

A professora fez um experimento demonstrativo com o gelo (que tem volta) e outro com a queima de uma folha de papel (que não tem volta). Os termos técnicos *reversíveis* e *irreversíveis* não foram utilizados nesse momento, para não confundir os alunos. Utilizou-se a linguagem corriqueira do cotidiano "tem volta" e "não tem volta".

A professora dividiu a lousa em duas colunas e, à medida que os alunos iam se expressando de forma oral, ela ia transcrevendo e classificando as concepções prévias nas respectivas colunas, coisas que "têm volta" ao lado esquerdo e aquelas que "não têm volta" ao lado direito.

Os alunos citaram vários exemplos do cotidiano e trouxeram muitas contribuições para as discussões.

- <u>2ª etapa</u> – *Sistematização coletiva de conhecimentos: o que os alunos consideram que estragam as frutas ou que as conservam*

Os alunos se reuniram em grupos e tiveram um tempo para discussão e mapeamento das ideias. Por meio do diálogo, eles deveriam citar e classificar aquilo que favorece as frutas de estragarem com facilidade e o que elas consideram que conserva as frutas por mais tempo.

- <u>3ª etapa</u> – *Atividade experimental com a cartolina e figuras das frutas*

Cada grupo recebeu uma cartolina e imagens (fotos) coloridas de frutas (extraídas da internet e impressas em papel), tais como: banana, goiaba, mamão e morango. Receberam também materiais para o trabalho manual como tesoura, cola, pincel atômico azul e vermelho, entre outros

Os alunos deveriam colar essas figuras numa região central da cartolina e deveriam escrever e/ou desenhar o que eles acreditam que contribui para as frutas estragarem (fazendo a ligação entre ambas com pincel atômico vermelho) e o que eles acreditam que ajuda a conservar as frutas por mais tempo (ligando-as com pincel atômico azul). Para essa atividade eles receberam um roteiro explicativo de como desenvolver o trabalho.

- *4ª etapa – Atividade experimental com frutas reais*

A professora adquiriu algumas frutas em um supermercado/quitanda para a realização das atividades. Essas frutas foram entregues aos alunos; cada grupo recebeu as seguintes frutas: banana, goiaba, mamão e morango. Os grupos receberam também alguns materiais para embalar e envolver essas frutas como filme plástico, papel-alumínio, pano umedecido, potes e bacias para guardar as frutas. Eles deveriam embalar as frutas, visando conservá-las da melhor forma possível. Além disso, os alunos tiveram à disposição a geladeira da escola, onde poderiam acondicionar em um ambiente refrigerado. Na semana seguinte (25/11/2022), eles iriam desembalar e observar a situação e/ou estado de conservação das frutas.

5ª etapa – Produção individual dos alunos (folha de sulfite)

Após o trabalho experimental com as frutas, os alunos deveriam relatar de forma escrita aquilo que foi feito pelo grupo. Eles deveriam relatar em uma folha sulfite como seu grupo optou por embalar as frutas e quais eram suas expectativas ou hipóteses para o que eles veriam na semana seguinte.

2º encontro (aula 25/11/2022)

- *6ª etapa – Observação e registro das frutas após decorrida uma semana*

Nesse segundo encontro, após decorrida uma semana (dia 25/11/22), houve uma retomada das atividades do primeiro encontro (dia 18/11/2022). Os alunos receberam as frutas que eles haviam embalado e puderam observar o seu estado de conservação. Puderam notar que algumas ainda estavam boas, embora nem tanto como antes. Outras estavam visivelmente estragadas e em estado de decomposição. Eles relataram aos colegas de forma oral suas percepções em relação a quais frutas haviam estragado mais (e por quê). Quais se conservaram mais (e por quê). Os alunos foram observando e relatando aquilo que eles observavam e emitindo algumas hipóteses, sendo acompanhados pela professora, que procurava sempre instigar suas ideias.

Nessa última etapa, os alunos puderam também relatar de forma escrita, em uma folha sulfite, o que eles observaram em relação às frutas. Qual estragou mais e por quê? Qual aspecto a fruta apresentava? Sua aparência, cheiro etc. A que ele (aluno) atribui essa degeneração? Entre outras observações e relatos que eles pudessem dissertar a respeito da atividade.

4
RESULTADOS E DISCUSSÃO

Neste capítulo, iremos apresentar os resultados obtidos em relação à conservação e degeneração das frutas, cuja coleta se deu em 18/11/2022 (e em parte do dia 25/11/2022), e sua análise no que diz respeito às interações discursivas e à argumentação, fundamentadas nas *práticas epistêmicas*, propostas por Kelly (2008): proposição, comunicação, legitimação e avaliação do conhecimento e nas *capacidades argumentativas*, propostas por Justi (2015): lidar com evidências, elaborar argumentos, contra-argumentar, elaborar teorias alternativas e refutar.

Seguiremos as etapas (ou partes) da Sequência de Ensino Investigativa (SEI) apresentadas na metodologia. Dividiremos a apresentação dos resultados e a análise dos dados em função dos trabalhos realizados pelos alunos durante a nossa intervenção em seis etapas: (i) levantamento das concepções prévias dos alunos; (ii) sistematização coletiva (com a turma) dos conhecimentos; (iii) produção coletiva dos cartazes pelos alunos; (iv) atividade prática com as frutas reais; (v) produção individual do relato dos alunos; e (vi) análise da fala dos alunos, baseada nos vídeos.

4.1 Levantamento das preconcepções dos alunos

A professora apresentou aos alunos o tema a ser trabalhado na aula: transformações reversíveis e irreversíveis, que podem ser físicas (como o gelo) ou químicas (como a queima do papel).

Nesse momento, a professora não utilizou a linguagem formal presente nos livros que dizem respeito às transformações reversíveis e irreversíveis, e disse aos alunos que há transformações que "têm volta", ou seja, pode-se voltar ao estado original, e há transformações que "não têm volta", que depois que ocorre não se pode voltar a como era antes, e que essas transformações podem ser percebidas ao nosso redor no dia a dia.

A professora trouxe uma caixa térmica contendo gelo e realizou dois experimentos:

O primeiro experimento estava relacionado às transformações reversíveis, mostrando que o gelo vira água ao ser deixado em temperatura ambiente, e dizendo aos alunos que o inverso também acontece, ou seja, a água vira gelo, ao ser colocada no congelador de uma geladeira. De forma análoga, a água vira vapor ao ser fervida, na preparação do café, e o vapor vira água, em contato com o boxe do banheiro.

Outro experimento realizado foi sobre as transformações irreversíveis: com palito de fósforo aceso, a professora colocou fogo em uma folha de papel sulfite, alertando para o perigo da chama e para que os alunos não tentassem fazer esse experimento sem a supervisão de um adulto. Nesse caso, o papel após ser queimado vira cinzas ou fuligens e não volta ao seu estado original.

A professora dividiu a lousa em duas colunas. De um lado, colocou as transformações que "têm volta" e, do outro, as transformações que "não têm volta". Então, pediu que os alunos pensassem e fossem dando exemplos para que ela fosse listando e registrando as ideias. Os Quadros 4 e 5 apresentam preconcepções dos alunos sobre as transformações reversíveis e irreversíveis, respectivamente.

Figura 3 – Levantamento de concepções prévias dos alunos

Fonte: a autora

- *Episódio 1 – Transformações que têm volta (reversíveis)*

A professora pediu que os alunos dessem exemplos de transformações reversíveis ou irreversíveis que ocorrem no dia a dia. À medida que os alunos iam citando exemplos, a professora ia mediando as conversas e registando esses exemplos na lousa em suas respectivas colunas.

Nesse episódio, apareceram basicamente três exemplos de transformações em que é possível voltar ao seu estado inicial ou original: o ferro; o chocolate e uma flor murcha, mas que ainda não "morreu".

Quadro 4 – Práticas epistêmicas e capacidades argumentativas presentes no Episódio 1

Turno	P/A	Transcrição das falas	Práticas epistêmicas	Capacidades argumentativas
1	Profa.	Agora eu quero que vocês pensem um pouquinho, neste lado de cá, ó! Transformações que dá para voltar ao estado original.	Proposição	-
2	A08G2	O ferro [...].	Comunicação	-
3	Profa.	Ferro? Acontece uma coisa com o ferro muito interessante. Você sabe?	Proposição	-
4	A08G2	Ele fica meio mole, meio... tipo "água".	Legitimação	Evidências
5	Profa.	O que você falou faz sentido. O ferro, o ouro, a prata a altas temperaturas derrete, e aí você consegue fazer pingente, brinco, corrente etc. Por exemplo, essa correntinha que eu estou... ela é de ouro. No garimpo, eles obtêm o ouro em pó e, com o calor, eles transformam em barra. Aí eles derretem novamente, e colocam na forminha [no molde] para fazer um pingente. Eles podem fazer anel, um pingente em formato de coração, [...].	Avaliação	Argumentos
6	Profa.	Eu vou colocar aqui o que o Pedro falou: a transformação do ferro.	-	-
7	Profa.	Ano passado, eu comprei algumas embalagens para fazer ovo de Páscoa. Então eu comprei umas forminhas de bombons e comprei aquela forma maior de ovo de Páscoa. Comprei as barras de chocolate, os recheios... Vocês já viram fazer o ovo de Páscoa?	Proposição	-

Turno	P/A	Transcrição das falas	Práticas epistêmicas	Capacidades argumentativas
8	Profa.	O chocolate é sólido, quando você coloca no micro-ondas ele ficou líquido. Quando você coloca nas forminhas e na geladeira, ele volta a ficar sólido. Se você tirar da geladeira e tiver muito calor, ele vai voltar a ficar líquido de novo.	Comunicação	Evidências
9	A08G2	O que dá pra fazer com a barra de chocolate, dá também pra fazer com a barra de ferro.	Legitimação	Argumentos
10	Profa.	A diferença é que o ferro tem que colocar em um forno com uma temperatura muito alta, ele até muda de cor.	Avaliação	-
11	Profa.	Fala, A03G1.	Proposição	-
12	A03G1	Quando uma flor murcha, dá pra ela "voltar novamente".	Comunicação	Evidências
13	Profa.	Depende! Se a flor morrer, não tem como voltar... às vezes ela fica meio seca, e se você volta a cuidar, a aguar ou receber água da chuva, ela volta a brotar novamente.	Legitimação	Argumento, contra-argumento e teorias alternativas

Fonte: autoria própria

Após presenciarem o experimento do gelo/água e vapor, a professora perguntou aos alunos se eles conseguiriam citar algum exemplo de transformação que "tem volta". Há por parte da professora uma proposição de exemplo a ser pensado. Um dos alunos citou o ferro, ou seja, a *comunicação* de uma ideia que ele julga plausível como elemento da prática epistêmica. A professora perguntou o que ele sabia a respeito e se ele poderia esmiuçar mais o seu exemplo. O aluno tenta *legitimar* sua concepção trazendo *evidências*: que o ferro é "tipo água", ou seja, pode se tornar líquido ao ser esquentado e derretido. A professora *avaliou* corroborando esse conhecimento e *argumentando* que os metais, de maneira geral, assim como o ferro, podem ser derretidos e moldados. No caso da prata e do ouro é possível transformá-los em correntes e pingentes. Esses materiais podem ser derretidos novamente, transformando-se em outros objetos. Vemos, então, a interação discursiva por meio das práticas epistêmicas e das capacidades argumentativas sendo negociadas por meio do diálogo, corroborando uma ideia [turnos 1 a 6].

Analogamente, no turno 7, a professora cita como exemplo o caso do chocolate e dos ovos de Páscoa, que podem ser moldados [*proposição*]. A professora *comunicou* sua ideia, trazendo *evidências*: que também é possível derreter o chocolate no micro-ondas e ao levá-lo à geladeira tomar o formato de bombons ou ovos de Páscoa, pois ao resfriar eles endurecem novamente. O aluno *legitimou* a proposição da professora, *argumentando* que o processo é o mesmo que ocorre com o ferro [e, também, que ocorre com a água], assim como ele havia proposto. A professora *avaliou* esse conhecimento ao sugerir que o que difere dos processos listados são as temperaturas de fusão e que, portanto, a temperatura influencia no ponto de fusão, e pode ser vista na coloração do ferro quando aquecido [turno 10].

Finalmente para fechar esse episódio de ensino que trata das transformações reversíveis temos o exemplo de uma aluna, que citou [*comunicou* e trouxe *evidências*] uma flor que murcha e, ao regá-la novamente, ela é capaz de se regenerar e voltar ao seu estado inicial. A professora legitimou e argumentou a ideia da aluna, mas trouxe *contra-argumentos* ao afirmar que, uma vez que ocorre a morte da planta, ela não se regenera mais. Nesse caso, trata-se de uma transformação irreversível e que não tem mais volta. Portanto, houve *argumento* que corroborou a teoria da aluna, ao mostrar que é possível a flor voltar ao estado inicial, porém a professora trouxe *contra-argumento* que refuta a teoria, ao mostrar que, se a flor permanecer muito tempo seca e sem água, ela pode morrer e não voltar ao seu estado inicial. Nesse sentido percebemos a presença de *teorias alternativas* [turno 13]. Encontramos nesse episódio não somente as interações discursivas, mas a presença da argumentação, que foram analisadas pelas nossas categorias de análises (práticas epistêmicas e capacidades argumentativas).

Esse episódio nos mostrou que um conceito muda com o passar do tempo, com novas conexões e relações com elementos da vivência das crianças, que representam generalizações cada vez mais avançadas: água, chocolate e metais, entre outros, que se tornam líquidos ou se solidificam em função da temperatura. Um conceito surge como ato de pensamento e se desenvolve graças ao trabalho de diversas funções intelectuais. Isso mostra o potencial das práticas discursivas e argumentativas.

- **Episódio 2 – Transformações que não têm volta (irreversíveis)**

Quadro 5 – Práticas epistêmicas e capacidades argumentativas presentes no Episódio 2

Turno	P/A	Transcrição das falas	Práticas epistêmicas	Capacidades argumentativas
14	Profa.	Eu quero que vocês pensem em transformações que vocês já viram, que têm volta, e transformações que, depois que ocorreram, não têm mais volta.	Proposição	-
15	A10G2	Se cortar uma árvore, ela não vai voltar mais.	Comunicação	Evidências
16	Profa.	Vamos pensar: é igual quando a gente corta o cabelo. O cabelo vai crescer novamente [...], se a gente pensar, vai crescer um cabelo novo. Não vai crescer o cabelo antigo, que já foi embora.	Legitimação	Argumentos
17	A23G4	Se você apontar o lápis ou utilizar a borracha para apagar, eles não vão voltar mais no que eram.	Comunicação	Evidências
18	Profa.	O lápis que você usou já não vai voltar mais [...], não tem jeito. A borracha vai virar pozinho e não vai voltar como era antes.	Legitimação	Argumentos
19	Profa.	Vou colocar essas coisas que vocês falaram, aqui. Não tem volta: cabelo, corte de árvore, borracha, lápis etc.	Avaliação	-
20	A15G3	Mancha de cloro na roupa.	Comunicação	Evidências
21	Profa.	Eu tinha um vestido que eu gostava, mas derrubei um pingo do produto "Qboa" na roupa e manchou.	Legitimação	Argumentos
22	A03G1	Arroz cozido.	Comunicação	Evidências
23	Profa.	Muito bem! A gente vai lá no mercado e compra um pacote de arroz. A gente vai cozinhar o arroz pra gente comer. Depois que ele já está cozido, pronto pra comer, tem como voltar atrás, tem como voltar ao estado original que ele era antes?	Legitimação	Argumentos
24	Profa.	Não!	Avaliação	-

Turno	P/A	Transcrição das falas	Práticas epistêmicas	Capacidades argumentativas
25	A04G1	O ovo cozido não dá pra voltar.	Comunicação	Evidências
26	Profa.	Ovo cozido? Isso!	-	
27	Profa.	Se você for comer um ovo cozido ou frito. Depois de preparado, tem como ele voltar o que era antes?	Legitimação	Argumentos
27	A04G1	Não!	Avaliação	-
28	A08G2	O vidro de óculos que quebra, não volta mais.	Comunicação	Evidências
29	Profa.	Isso, o vidro que quebra não tem jeito, tem que comprar outra lente, né?	Legitimação	Argumentos
30	Profa.	Fala, A03G1.	-	-
31	A03G1	Quando cai um dente, ele nasce de novo.	Comunicação	Evidências
32	Profa.	O primeiro dente que a gente tem é chamado dente de leite. O dente nasce no mesmo lugar, mas é outro dente. Aí é chamado dente permanente, que vai ficar para o resto da vida. Então esse que caiu não vai voltar. Vai voltar um dente novo, é diferente!	Avaliação	Argumento, contra-argumento e teorias alternativas

Fonte: autoria própria

O episódio de ensino 2 está relacionado às transformações irreversíveis e muitos exemplos são trazidos pelos alunos, o que demonstra seus conhecimentos prévios (cotidianos) sobre o assunto. Esse episódio se inicia com a *proposição* da professora, para que os alunos pensem e reflitam sobre o que eles sabem sobre as transformações irreversíveis. Quais exemplos eles trazem do cotidiano e que poderiam explicitar.

Um dos integrantes da pesquisa citou (*comunicou* e apresentou *evidências*) o exemplo de uma árvore quando é cortada, dizendo que ela não volta mais. A professora corroborou a ideia e fez a analogia (*legitimou* a ideia e *argumentou*) com o corte de cabelo. Segundo a professora, em ambos os casos, na poda da árvore e no corte de cabelo, a estrutura não foi arrancada. O que se desenvolve é um novo galho ou cresce um cabelo distinto do que estava anteriormente.

Um novo exemplo (*comunicação* e *evidências*), citado por um aluno, foi a utilização do lápis e da borracha, *legitimado* e *argumentado* pela professora que tanto o grafite quanto a borracha, uma vez utilizados, não podem voltar ao estado original. A professora *avaliou* o que foi dito pelos alunos, colocando na lousa os exemplos citados e os conhecimentos produzidos.

Surgiu mais um exemplo, citado por uma aluna, diz respeito às manchas permanentes (*comunicação* e *evidências*) provocadas por reações químicas (*legitimação* e *argumentos*) em uma roupa [turnos 14 a 21]. Nesse caso, mesmo a simples lavagem não elimina as manchas.

Outra discussão que mereceu destaque, e que inclusive aparece nos livros, foi sobre alimentos cozidos ou assados (transformações químicas), que um aluno *comunicou* e *evidenciou* como um exemplo, o arroz cozido [turno 22] e, em um outro momento, outro aluno citou o ovo cozido ou frito [turno 25]. A professora *legitimou* essas ideias e *argumentou* dizendo que, uma vez que essas transformações ocorrem [turnos 23 e 27, respectivamente], não é possível mais voltar ao estado original. Os alunos foram unânimes ao *avaliarem* e concordarem com a professora, dizendo que nesse caso não era possível voltar ao estado original.

Um exemplo de transformação física citado foi a quebra de um vidro ou lente dos óculos, ou mesmo a tela de um celular (*comunicação* e *evidências*). De fato, isso não é um processo reversível (*legitimação* e *argumentos*). Notem que apesar dessa transformação ser uma transformação física ela é irreversível. Portanto, não podemos afirmar que toda transformação física é uma transformação reversível, ou que toda transformação irreversível é uma transformação química. Não há uma relação direta entre elas.

A extração de um dente foi citada (*comunicação* e *evidência*) por uma aluna, como se fosse uma transformação reversível (o dente cairia e nasceria novamente). A professora *legitimou* e *argumentou* a ideia, exemplificando com os dentes de leite, característicos nas crianças, que após serem arrancados são repostos. Porém, a exemplo do corte de uma árvore e do corte de cabelo, o dente não é mais o mesmo, ele é distinto do que havia antes.

O dente permanente em uma pessoa adulta após ser arrancado não volta mais [*contra-argumentos* e *teorias alternativas*]. Para a pessoa ter o dente novamente é preciso uma prótese ou implante. Há, portanto, a convivência de duas linhas de pensamentos no processo argumentativo.

Nesse episódio, os alunos deram exemplos de eventos que embora tenham reposição, como o corte de uma árvore, o corte do cabelo ou a retirada de um dente de leite, o que nasce é distinto do anterior e, portanto, não se caracterizam como transformações reversíveis.

4.2 Sistematização coletiva dos processos de conservação e degeneração das frutas

Nesse momento, a professora entregou para os grupos um roteiro (apresentado anteriormente na metodologia) e leu em voz alta aos alunos. O problema colocado diz respeito à fome e ao desperdício dos alimentos. O Brasil tem uma ampla extensão territorial para o plantio de alimentos e, mesmo assim, o desperdício que pode levar à fome da população.

Os alunos foram postos a pensarem e discutirem em seus respectivos grupos qual a causa das frutas se deteriorarem com facilidade e como seria possível conservá-las por mais tempo. Em seguida os grupos foram postos a compartilharem as ideias com os demais grupos.

- *Episódio 3 – Exemplos do que estraga e/ou conserva as frutas*

Nesse episódio de ensino, as ideias começaram a fluir e os alunos levantaram hipóteses que se revelaram na forma de palavras e exemplos. Podemos notar no Quadro 6 a instância de produção do conhecimento:

Quadro 6 – Práticas epistêmicas e capacidades argumentativas presentes no Episódio 3

Turno	P/A	Transcrição das falas	Práticas epistêmicas	Capacidades argumentativas
33	Profa.	*O que vocês acham que fazem as frutas estragarem?*	Proposição	-
34	A08G2	*Bigato. É um bichinho pequenininho que tem dentro da fruta.*	Comunicação	Evidências
35	A08G2	*Pode sentar mosquitos.*		
36	Profa.	*Tem plantação que pra não ter problemas de aparecimento de bigato [pássaros e moscas] nas frutas, os produtores envolvem as frutas com saquinhos plásticos.*	Legitimação	Argumentação

Turno	P/A	Transcrição das falas	Práticas epistêmicas	Capacidades argumentativas
37	A07G2	Se tiver muito quente, estraga as frutas.		
38	A03G1	Se deixar no armário, ela vai ficar podre por dentro.		
39	Profa.	Isso, ainda mais se você guardar fechado, sem ventilação nenhuma.	Comunicação	Evidências
40	A15G3	Estraga se ficar muito tempo fora da geladeira.		
41	Profa.	Isso! Se ficar fora da geladeira. Dentro da geladeira fica mais gelado, mais fresquinho e por isso demora para estragar.	Legitimação	Argumentação
42	A10G2	No transporte [...].	Proposição	-
43	Profa.	Isso, a forma como for armazenado.	Comunicação	Evidências
44	Profa.	E o que esses dois falaram aqui, um falou do calor e o outro do transporte. O sol e o calor em excesso estragam as frutas. Se ficarem muito tempo expostas.	Legitimação	Argumentação
45	A08G2	Na geladeira não estraga!	Avaliação	Argumentação
46	A02G1	Colocar em potes.	Proposição	-
47	A19G4	Minha mãe ela separa... e compra menos.	Comunicação	Evidências
48	Profa.	[Guardar ou comprar] porções menores.	Legitimação	Argumentação
49	A03G1	Colocar em pacotes para não estragar!		
50	Profa.	Colocar em pacotes... tipo assim: embalagens!	Comunicação	Evidências
51	A08G2	Às vezes minha mãe compra maçã naqueles "pacotinhos".		
		Naqueles pacotinhos da turma da Mônica.		
52	Profa.	Mas quem que embala? A fábrica ou o mercado?	Proposição	-
53	A15G3	A fábrica produz para o mercado.	Comunicação	Evidências

Turno	P/A	Transcrição das falas	Práticas epistêmicas	Capacidades argumentativas
54	Profa.	Sim, às vezes já vem embalado da fábrica, e às vezes o próprio mercado embala os produtos.	Legitimação	Argumentação
55	Profa.	O que vocês acham que fazem as frutas estragarem?	Proposição	-
56	A04G1	Fungos.	Comunicação	Evidências
57	A17G4	Bactérias.		
58	Profa.	Fungos [e bactérias]? Olha que chique!	-	-
59	Profa.	Vocês sabem o que é fungo?	Proposição	-
60	A08G2	Sim, é um bichinho pequenininho que tem dentro da fruta.	Legitimação	Argumentação
61	Profa.	Isso! Lembra que este ano em ciências a gente estudou a cadeia alimentar? Os produtores, os consumidores e, por último, os decompositores, que eram os fungos [...].	Avaliação	Argumentação

Fonte: autoria própria

A primeira pergunta geradora e que é a *proposição* do conhecimento sugere a reflexão para uma resposta: "*o que contribui para as frutas estragarem*"? Um dos participantes da pesquisa disse que a presença de bigato (larvas) é um forte indício de que as frutas (principalmente goiaba) estão estragadas. Outro aluno disse também que, quando as frutas ainda estão "no pé", a presença de moscas ou pássaros também contribui para que elas estraguem. Esses dois alunos [turnos 34 e 35] *comunicaram* agentes que contribuem e apresentaram essas *evidências* de que as frutas estariam estragadas. A professora *legitimou* essas falas e *argumentou* que alguns produtores embalam as frutas com sacos plásticos para evitarem a ação externa de pássaros que bicam as frutas e a consequente presença de contaminação.

Os alunos *comunicaram* e trouxeram *evidências* de que, se a fruta for guardada em um ambiente fechado, no calor, em um armário sem ventilação, a fruta irá estragar com mais facilidade. Assim, *legitimaram* suas falas e *argumentaram* que a geladeira é uma excelente opção para prolongar o "tempo de vida" da fruta, uma vez que o interior da geladeira é um ambiente fresco e de temperaturas mais amenas.

Durante o transporte das frutas do produtor, passando pelo atravessador (supermercados), até chegar ao consumidor, as frutas tendem a estragar por se submeter ao sol e ao calor excessivo [turno 44]. Um dos alunos *avaliou* o discurso e *argumentou* que na geladeira as frutas não estragam tão facilmente.

Baseado na questão geradora, os alunos *comunicaram* que a presença (*evidência*) de fungos e bactérias [turnos 56 e 57] é indício de que as frutas estão estragadas. Ou seja, os alunos trouxeram o conhecimento científico para tentar explicar o fato de as frutas estragarem. A professora propôs que eles explicassem. Segundo eles, trata-se de um "bichinho pequenininho" (microrganismos) presente nas frutas [*legitimação* e *argumentação*]. A professora *avaliou* o conhecimento [turno 61] complementando com o conceito de cadeia alimentar, na qual os fungos são os responsáveis pela decomposição dos alimentos.

A segunda questão norteadora foi "*como conservar os alimentos*" [proposição]? Uma aluna disse que sua mãe separa em potes ou porções menores [*legitimação* e *argumentação*] e procura comprar em pequenas quantidades [*comunicação* e *evidências*], para evitar o desperdício. Para a aluna, colocar os alimentos em embalagens, como aquelas que protegem as maçãs [*comunicação* e *evidências*], ajuda a protegê-las. Os alunos, ao serem questionados quem é responsável por embalar as frutas, disseram que a fábrica produz alimentos em grandes quantidades para o mercado. A professora corroborou [*legitimou*] a ideia, e *argumentou* que em algumas situações o mercado pode embalar algumas frutas.

Embora os alunos apresentem noções de que o calor contribui para que as frutas estraguem mais facilmente e que um ambiente refrigerado contribui para conservá-las, os alunos ainda não têm o conceito de temperatura e como esta age nas partículas do interior dos alimentos de forma a deteriorá-los ou conservá-los.

4.3 Atividade em grupo com os cartazes (experimento)

Existe uma preconcepção do público leigo de que uma atividade investigativa tem que ser essencialmente experimental. Porém, os pesquisadores da área do Ensino de Ciências acreditam que não necessariamente, o importante é que haja um problema ou uma proposta instigante, que provoque inquietações e questionamentos nos alunos (Sasseron; Carvalho, 2011, p. 73). Em outras palavras, que haja uma situação perturbadora ou um problema didático, que leve o aluno a refletir (Bastos, 2017, p. 79). Nesse sentido, é fundamental o engajamento do estudante na resolução de um problema proposto pelo professor (Trevisani, 2019, p. 19).

Assim, podemos ter desde uma atividade puramente conceitual, sem elementos físicos para serem manipulados, mas que haja um problema didático a ser resolvido (Bastos, 2017); uma atividade lúdica semelhante a uma gincana, como o desafio de lançar uma garrafa contendo água, de forma que ela faça um looping e caia "em pé" (Souza Filho; Trevisani, 2020); ou uma atividade experimental, cujo problema possa ser: como acender uma lâmpada utilizando uma pilha e um fio (Trevisani, 2019).

Tendo isso em mente, e tendo consciência de que muitas vezes o professor não dispõe de materiais e tempo para o preparo dessas atividades, decidimos trabalhar com materiais acessíveis ao professor: materiais de que ele dispõe na escola e que fazem parte do seu dia a dia, tais como: cartolina, cola, tesoura, papel sulfite, lápis e figuras (no nosso caso, figuras de frutas) coloridas extraídas da internet.

O problema lançado aos alunos e as instruções para nortear a atividade prática dos alunos são apresentados a seguir:

<u>Atividade: conservando os alimentos</u>

O Brasil produz muitos alimentos e frutas e mesmo assim muitas pessoas passam fome.

As frutas estragam na plantação (no "pé"), no transporte, nos supermercados e até mesmo em nossas casas. Mas a gente pode conservar as frutas por mais tempo evitando que elas estraguem.

<u>Converse com o seu grupo:</u>

- *O que vocês acham que estraga as frutas?*
- *Como é possível proteger e conservar as frutas para evitar o desperdício?*

Atividade prática:

- *Recorte e cole a figura da fruta que você recebeu no centro da cartolina.*
- *Escreva ou desenhe o que seu grupo acha que "protege/conserva" a fruta em uma folha de sulfite. Recorte e cole ao redor da fruta. Faça um contorno e ligue com o pincel atômico ou caneta na cor "azul".*
- *Escreva ou desenhe o que seu grupo acha que "estraga" a fruta em uma folha de sulfite. Recorte e cole ao redor da fruta. Faça um contorno e ligue com a caneta na cor "vermelha".*

A professora explicou aos alunos que eles deveriam colar as figuras das frutas que eles receberam (banana, goiaba, mamão e morango) no centro da cartolina. Em uma folha sulfite, eles deveriam desenhar ou escrever (e colar) aquilo que eles acreditam que estraga ou conserva as frutas, ligando com tinta de caneta vermelha e azul, respectivamente.

- *Cartaz produzido pelo Grupo 1 (A01G1; A02G1; A03G1; A04G1 e A05G1)*

Os grupos receberam as cartolinas e todo o material para o desenvolvimento da atividade. Eles foram orientados a recortarem as figuras das frutas e a colarem no centro da cartolina. Em seguida, em uma folha sulfite eles deveriam desenhar ou escrever os agentes que conservam ou que estragam as frutas. Esses agentes os alunos deveriam colar espalhados ao redor das figuras das frutas. Em seguida, com caneta azul, eles deveriam ligar os desenhos e/ou textos de agentes que ajudam a conservar as frutas; com caneta vermelha, ligar agentes que favorecem as frutas de estragarem.

Figura 4 – Cartaz produzido pelos integrantes do Grupo 1

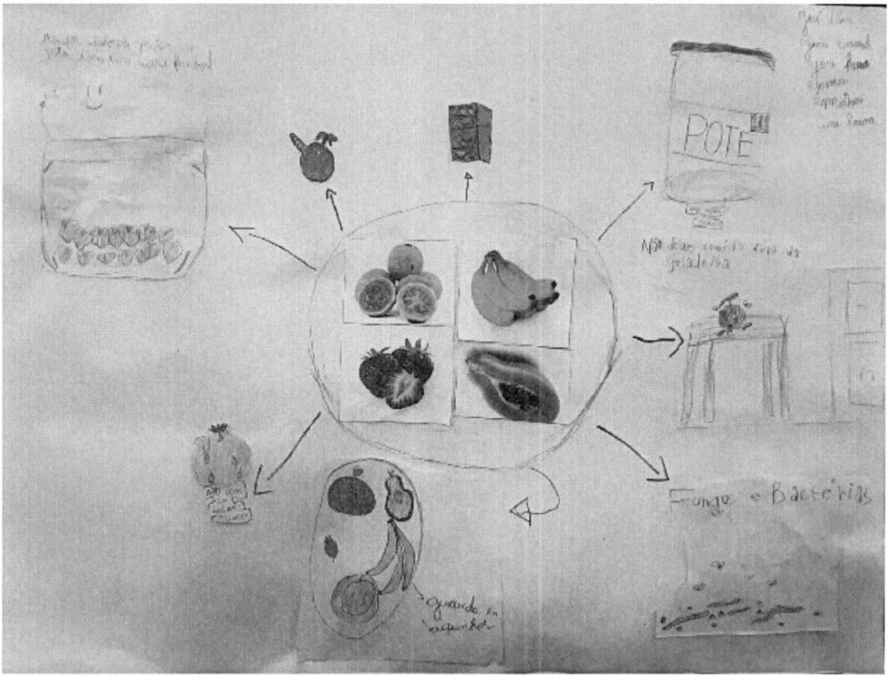

Fonte: a autora

Quadro 7 – Transcrição das escritas do cartaz feito pelo Grupo 1

Fatores que "estragam" as frutas	Fatores que "conservam" as frutas
Não deixe comida fora da geladeira	*Guardar em saquinhos*
Não deixe em lugares úmidos	*Sempre coloque frutas em potes, isso não causa fungos*
Fungos e bactérias	*Potes: use potes para proteger*

Fonte: autoria própria

Podemos verificar que o Grupo 1 teve consciência de que a temperatura é um fator determinante na conservação das frutas, uma vez que eles consideram que não podemos deixar os alimentos fora da geladeira, pois a temperatura alta contribui para a sua degeneração. Por outro lado, eles reconhecem que a temperatura baixa ajuda a conservar os alimentos e, portanto, devemos colocá-los no interior de uma geladeira ou refrigerador.

Também, segundo o Grupo 1, não devemos deixar as frutas em ambiente úmido, pois isso contribui para a presença de fungos e bactérias. Um dos integrantes do grupo desenhou uma goiaba com a presença de um "bigato", pois, segundo esse aluno, isso evidencia que o alimento está estragado. Segundo os integrantes do grupo, devemos guardar os alimentos em saquinhos plásticos e em potes fechados, pois isso contribui para a conservação dos alimentos.

Houve por parte do grupo a consciência de que a temperatura é um fator determinante na conservação das frutas e que fungos e bactérias (frutos da umidade) são agentes que contribuem para a degeneração das frutas.

- *Cartaz produzido pelo Grupo 2 (A06G2; A07G2; A08G2; A09G2 e A10G2)*

De forma análoga, os integrantes do Grupo 2 distribuíram desenhos e textos com hipóteses do que ajuda a conservar (ou não) as frutas ao redor das figuras.

Figura 5 – Cartaz produzido pelos integrantes do Grupo 2

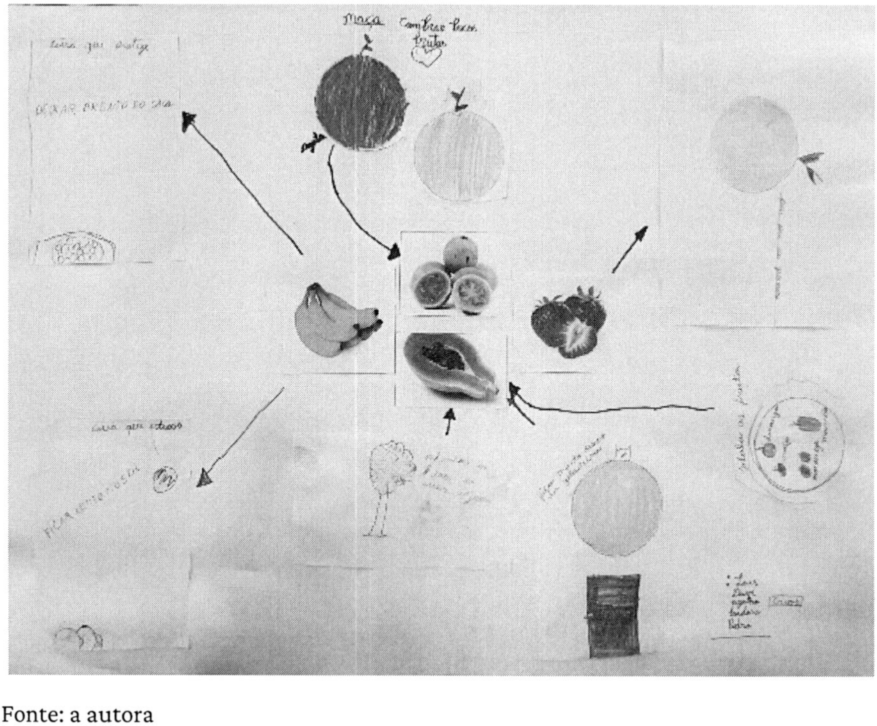

Fonte: a autora

Quadro 8 – Transcrição das escritas do cartaz feito pelo Grupo 2 (Figura 5)

Fatores que "estragam" as frutas	Fatores que "conservam" as frutas
Coisa que estraga: ficar muito no sol *Ficar muito na geladeira*	*Coisa que protege: deixar dentro do saco* *Comprar poucas frutas* *Ficar fora da geladeira* *Fazer salada de frutas* *Embalar as frutas na árvore, ajuda*

Fonte: autoria própria

De acordo com esse grupo, embalar as frutas em sacos plásticos, mesmo antes de serem colhidas, ajuda a proteger contra a presença de pássaros e ajuda a conservá-las. Ficar exposto ao calor e ao sol ou fora da geladeira ou por muito tempo dentro da geladeira contribui para que as frutas estraguem. Para evitar que as frutas estraguem os alunos sugeriram comprar em pequenas quantidades, demonstrando uma preocupação em evitar o desperdício.

- *Trabalho produzido pelo Grupo 3 (A11G3; A12G3; A13G3; A14G3; A15G3 e A16G3)*

Podemos perceber um consenso entre os integrantes desse grupo de que a temperatura é um fator determinante, os alunos participaram ativamente, desenhando suas figuras e escrevendo os seus textos a respeito da influência da temperatura para a conservação das frutas e de elementos que contribuem para sua degeneração.

Figura 6 – Cartaz produzido pelos integrantes do Grupo 3

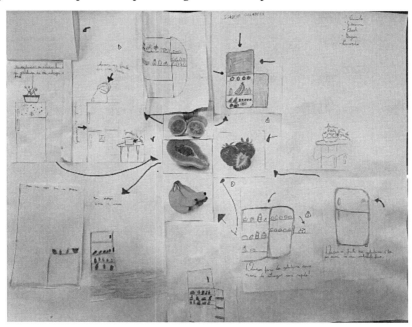

Fonte: a autora

Quadro 9 – Transcrição das escritas do cartaz feito pelo Grupo 3 (Figura 6)

Fatores que "estragam" as frutas	Fatores que "conservam" as frutas
Nunca deixar os alimentos fora da geladeira, senão estraga muito fácil	*Deixar as frutas em um saco, guardar na geladeira e guardar em topwear*
Deixar as frutas fora da geladeira	*Guardar na geladeira*
Deixa fora da geladeira corre o risco de estragar mais rápido	*Deixar as frutas na geladeira é bom por causa do ambiente frio*
Para proteger guardar na geladeira	*Deixar muito tempo fora da geladeira*

Fonte: autoria própria

    Os integrantes desse grupo foram quase unânimes ao afirmarem que deixar fora da geladeira ou demorar um tempo para colocar as frutas em um ambiente refrigerado faz com que elas estraguem com facilidade e contribui para sua degeneração. Segundo os alunos, é importante conservar as frutas e alimentos na geladeira para que eles se conservem por mais tempo. Porém, se passar muitos dias, mesmo em um ambiente refrigerado, mesmo assim, as frutas estragam. Segundo o grupo, guardar em sacos plásticos ou em potes hermeticamente fechados evita que os alimentos estraguem com facilidade.

- *Trabalho produzido pelo Grupo 4 (A17G4; A18G4; A19G4; A20G4; A21G4; A22G4; A23G4)*

Finalmente, após os integrantes do Grupo 4 terem discutido e chegado a um consenso, eles elaboraram o seguinte cartaz:

Figura 7 – Cartaz produzido pelos integrantes do Grupo 4

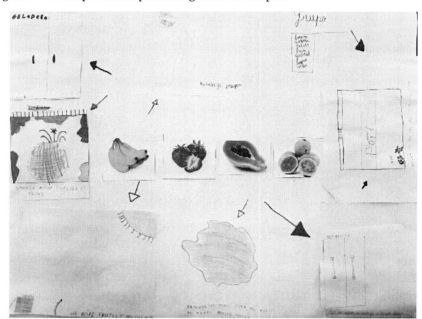

Fonte: a autora

Quadro 10 – Transcrição das escritas do cartaz feito pelo Grupo 4 (Figura 7)

Fatores que "estragam" as frutas	Fatores que "conservam" as frutas
Bactérias podem estar no nosso alimento, por isso se cuide *Não deixe frutas expostas ao sol*	*Geladeira* *Embalagens plásticas* *Pote: deixar os alimentos em um pote* *Geladeira ajuda a proteger e fazer durar mais* *Sacola ajuda a proteger as frutas*

Fonte: autoria própria

Armazenar em potes hermeticamente fechados ou guardar as frutas embaladas, segundo os alunos, ajuda a conservá-las. A temperatura também aparece como elemento decisivo, uma vez que, ficando expostas ao sol ou fora da geladeira, as frutas estragam com mais facilidade. Portanto, é necessário acondicioná-las a uma temperatura mais amena, tal como ocorre no interior da geladeira.

Um dos integrantes do grupo alertou para o perigo de comer alimentos com presença de fungos ou bactérias, que podem ser prejudiciais à nossa saúde.

As figuras mostram que os alunos escreveram algumas palavras que dão indícios de que a temperatura é um fator determinante: se forem deixadas no calor elas estragam ("não deixe frutas expostas"; "não deixe comida fora da geladeira"; "deixar fora da geladeira, corre o risco de estragar mais rápido"; "nunca deixar os alimentos fora da geladeira, senão estraga muito fácil"); na geladeira é possível conservar por mais tempo ("deixar a fruta na geladeira é bom por causa do ambiente frio"). Se forem armazenadas em potes ou saquinhos, elas têm uma durabilidade maior ("sempre coloque frutas em potes, isso não causa fungos"; "nunca deixe em lugares úmidos"). Os alunos também associaram a degeneração das frutas aos fungos e bactérias ("bactérias podem estar no nosso alimento, por isso cuide-se"). Esses argumentos caracterizam-se pela comunicação do conhecimento que o aluno possui.

Eles sabem que a geladeira conserva os alimentos e que ela é fria por dentro, conhecimento derivado da prática diária do senso comum. Relacionar essas coisas implica um conceito científico ou "quase científico", que responderia à questão: por que em baixas temperaturas os alimentos são conservados por mais tempo?

É possível verificar o envolvimento dos alunos na atividade, pois eles participaram com ideias e desenhos para produzirem o trabalho do grupo. Aqui há uma fonte interessante de dados que emergem das Sequências de Ensino Investigativas propostas por nós.

Como apontado por Vigotski (2008) e reafirmado por Tunes (1995), os conceitos de senso comum aparecem isolados, mas os conceitos científicos sempre se desenvolvem em redes ou teias, uns relacionados aos outros e com o referente (objeto). Dessa forma, os alunos sabem que um ambiente refrigerado ajuda a conservar os alimentos, mas não sabem exatamente a relação de causalidade entre temperatura baixa e a conservação dos alimentos, indicando a presença de um conceito de senso comum surgido a partir da vivência, mas com nenhuma relação a outros fenômenos ou conceitos. Da mesma forma, os conceitos científicos (ou verdadeiros) segundo Vigotski só podem ser aprendidos a partir dos 10 ou 12 anos, ou seja, se manifestarem com todas as suas características. Antes disso, são ideias isoladas, aplicáveis a situações isoladas, sem muita possibilidade de generalização.

- *Episódio 4 – Interações discursivas do que estraga e/ou conserva as frutas (durante a elaboração dos cartazes)*

No momento em que os alunos estavam fazendo os cartazes, a câmera circulou pela sala coletando dados e informações sobre aquilo que os alunos estavam produzindo em relação aos agentes que contribuem para deterioração e formas de conservação das frutas:

Quadro 11 – Práticas epistêmicas e capacidades argumentativas presentes no Episódio 4

Turno	P/A	Transcrição das falas	Práticas epistêmicas	Capacidades argumentativas
62	Profa.	O que você tá desenhando?	-	-
63	A08G2	Tô desenhando uma árvore [...].	-	-
64	Profa.	Tá, mas o que você pensou?	Proposição	-
65	A08G2	Que a árvore protege [as frutas].	Comunicação	Evidências
66	Profa.	E o que é "esse negócio" em volta das frutas?	-	-
67	A08G2	É um saquinho.	-	-
68	Profa.	Tá, você desenhou umas embalagens... Então escreve que "embalar as frutas na árvore protege as frutas".	-	-
69	A08G2	E se a fruta ficar na árvore, ela estraga?	Proposição	-
70	Profa.	A árvore tem um ciclo, primeiro a fruta nasce verde, depois ela fica madura, aí depois, ela cai da árvore.	Legitimação	Argumento
71	Profa.	Você já não viu embaixo de uma mangueira, um monte de manga que caiu do pé?	Comunicação	Evidências
72	Profa.	Quando ela cai, é sinal que ela vai estragar ou "morrer", entendeu?	Legitimação	Argumento
73	A08G2	A árvore protege?	Proposição	-
74	Profa.	Sim, enquanto tiver fazendo este ciclo, ela estará protegida: ela vai nascer verde, ficar madura e em seguida cair. É como a gente: a gente nasce, cresce e morre.	Avaliação	Teorias alternativas
75	Profa.	E o que estraga [as frutas]?	Proposição	-
76	A10G2	Eu coloquei: ficar exposto no Sol.	Comunicação	Evidências
77	Profa.	Então o calor faz com que o alimento estrague. Principalmente as frutas.	Legitimação	Argumento
78	Profa.	As frutas estragam mais no calor ou no frio?	Proposição	-
79	A10G2	No calor!	Comunicação	Evidências
80	A08G2	Se a temperatura estiver muito mais alta, estraga! Se tiver baixa não [...].	Legitimação	Argumento

Turno	P/A	Transcrição das falas	Práticas epistêmicas	Capacidades argumentativas
81	A19G4	Se deixar uma fruta muito tempo dentro da geladeira, ela não apodrece?	Proposição	-
82	Profa.	Se deixar muito tempo, sim! A geladeira evita estragar mais rápido, mas ela estraga também [...].	Comunicação	Evidências
83	Profa.	Por que será que estraga mesmo estando dentro da geladeira?	Proposição	-
84	A19G4	Talvez porque precisa mais de "ar".	Comunicação	Evidências
85	Profa.	Faz sentido, e o que acontece dentro da geladeira?	Proposição	-
86	A19G4	Fica tudo fechado... precisa de ar para circular.	Comunicação	Evidências
87	Profa.	E além disso, o que tem dentro da geladeira?	Proposição	-
88	A19G4	Gelo.	Comunicação	Evidências
89	Profa.	E o que é o gelo, que nós vimos?	Proposição	-
90	A08G2	Se ele ficar fora da geladeira e no ambiente ele fica líquido, ele vira água.	Comunicação	Evidências
91	Profa.	Ãh [...], então, a água faz o que com o alimento?	Proposição	-
92	A08G2	A água deixa o alimento gelado, e quanto mais gelado, dura mais.	Comunicação	Evidências
93	Profa.	Dura mais, mas se estiver úmido ele vai estragar. A gente diz que existe "umidade" dentro da geladeira.	Legitimação	Argumento
94	Profa.	Você falou que a água prejudica os alimentos, né? E o que é feito para proteger o alimento e evitar que ele estrague?	Proposição	-
95	A21G4	Tem aqueles saquinhos que a gente fecha, como se fosse um zíper.	Comunicação	Evidências
96	Profa.	Sim, você "zipa" o alimento.	-	-
97	Profa.	Ah, vocês fizeram [desenharam] um pote?		-
98	Profa.	Por que será que o pote protege as frutas?	Proposição	-
99	Profa.	O pote protege do ar [...] e o que tem no ar?		-

Turno	P/A	Transcrição das falas	Práticas epistêmicas	Capacidades argumentativas
100	A03G1	Uns pinguinhos de água.	Comunicação	Evidências
101	Profa.	No ar tem água presente: umidade!	Legitimação	Argumento
102	A19G4	Compensa, a gente pode deixar dentro da geladeira um alimento no potinho?	Proposição	-
103	Profa.	Compensa sim, é uma forma de evitar a umidade.	Comunicação	Evidências
104	Profa.	Vocês falaram que os fungos estragam os alimentos, não falaram? Agora vocês estão falando que a umidade estraga os alimentos? Será que é o fungo ou a água que estraga os alimentos?	Proposição	-
105	Profa.	Por exemplo, vocês já viram um morango estragado. Como ele estraga?	Comunicação	Evidências
106	A02G1	O fungo é que faz estragar.	Legitimação	Argumento
107	Profa.	E a água?	Proposição	-
108	Profa.	A água faz com que apareçam os fungos.	Avaliação	Contra-argumento e Teorias alternativas

Fonte: autoria própria

A primeira parte do episódio está relacionada ao desenho de um aluno, da fruta enquanto ainda ela está "no pé". Para esse aluno, *comunica* e apresenta *evidências* de que, enquanto a fruta estiver no pé, ela está protegida [turno 65]. Outra aluna desenha a fruta no pé, envolvida por um saquinho para evitar a ação dos pássaros e outra pragas, ou seja, embalar a fruta no pé é uma forma de conservar [turno 68]. Uma aluna questiona se a fruta "no pé" realmente estraga. A professora *legitima* e *argumenta* que sim, visto que há um ciclo para a fruta, que nasce verde, amadurece e, no ápice, cai da árvore [turno 70]. Isso pode ser visto, por exemplo, debaixo de uma mangueira onde há presença de mangas caídas. Para corroborar a ideia, a professora "lança mão" de *teorias alternativas* ao fazer analogia com o ciclo de vida do ser humano: nasce, cresce e morre [turno 74]. Dessa forma, a professora *avalia* e determina o mérito de uma ideia.

O segundo trecho desse episódio está relacionado à influência da temperatura sobre os alimentos. Um dos participantes desenhou na cartolina o Sol, ligando com a caneta de tinta vermelha, *comunicando* e *evidenciando* que o calor do Sol contribui para que as frutas estraguem com mais facilidade [turno 76], o que foi *legitimado* e *argumentado* pela professora [turno 77]. Ao serem questionados sobre se as frutas estragam mais em altas temperaturas (calor) ou baixas temperaturas (frio), os alunos foram unânimes em dizer que é no calor. Um dos integrantes usou os termos altas temperatura e baixas temperaturas *legitimando* e *argumentando* sobre essa interação discursiva [turno 80].

Em relação a isso, uma aluna *propôs* uma questão perguntando se dentro da geladeira a fruta realmente não estraga [turno 81]. A professora disse que, embora a baixa temperatura contribua para a conservação dos alimentos, eles sofrem outras ações [turno 82], e lançou a *proposição*: porque as frutas estragam mesmo dentro da geladeira? [turno 83]. Uma aluna *comunicou* e trouxe *evidências* de que não há circulação do ar dentro do refrigerador [turnos 84 e 86]. A professora perguntou o que tem dentro da geladeira [*proposição*], e um dos alunos respondeu "gelo". No *turno 90*, um dos alunos lembrou do experimento realizado no início da aula e disse que se o gelo ficar fora da geladeira ele vira "água" [*comunicação* e *evidências*], o que a professora argumentou, no *turno 93*, ser umidade, que é responsável por estragar os alimentos [*legitimação* e *argumentação*].

E o que faria para proteger os alimentos [*proposição*]? Segundo uma aluna, tem saquinhos apropriados, que possuem zíper e que ajudam a preservar os alimentos [turno 95], assim também como potes herméticos [turno 97]. Mas a professora questionou [*proposição*] se o pote protege do ar, o que tem o ar? Uma participante diz, no *turno 100*, que no ar há pinguinhos de água [*comunicação* e *evidências*], o que a professora *legitima* e *argumenta*: trata-se de umidade [turno 101], que contribui para que o alimento estrague.

Embora a umidade seja responsável por estragar os alimentos, o interior da geladeira é considerado um ambiente seco. Em função disso, alimentos guardados fora de embalagens tendem a se desidratar perdendo água para o ambiente. Se colocarmos alimentos em potes fechados, o líquido presente tende a se evaporar formando gotículas de água no recipiente, que contribui para que o alimento estrague com mais facilidade.

Finalmente, na última parte desse episódio aparece uma interação discursiva mais científica. A professora "coloca em xeque" [*proposição*] as concepções dos alunos, pois alguns disseram que o que estraga as frutas são os fungos, e agora aparece a questão da umidade (água). A professora comunica e evidencia o caso do morango [turno 105]. O grupo responde que o "fungo faz a fruta estragar" [*legitimação* e *argumentos*], mas "a presença de umidade (água) provoca o aparecimento de fungos" [práticas epistêmicas: *avaliação*; capacidades argumentativas: *contra-argumento* e *teorias alternativas*] [turnos 106 e 108, respectivamente].

- *Atividade individual em folha de sulfite*

Depois que os alunos embalaram as frutas, cada um recebeu uma folha de sulfite em branco, na qual deveriam desenhar e escrever de que forma seu grupo decidiu embalar as frutas. Essa atividade foi realizada (dia 18/11/2022) após eles receberem e embalarem as frutas.

Figura 8 – Produção individual do aluno A01G1 após ter embalado as frutas (*Sulfite 1*)

Fonte: autoria própria

Quadro 12 – Transcrição das escritas da Figura 8

Transcrição do relato do Sulfite 1
Hoje nós fizemos uma atividade com frutas como: mamão, goiaba, morango e banana. Nós cobrimos o mamão com plástico filme; a goiaba com papel-alumínio, o morango com papel toalha umedecido e a banana ficou em uma vasilha separada dos demais. A professora Josiane e o professor Moacir vão pôr as frutas na geladeira. Eu acho que a goiaba já está podre, porque está mole. Também aprendemos como é a transformação das coisas, pessoas, frutas etc.

Fonte: autoria própria

Figura 9 – Produção individual do aluno A01G1 após ter embalado as frutas (*Sulfite 2*)

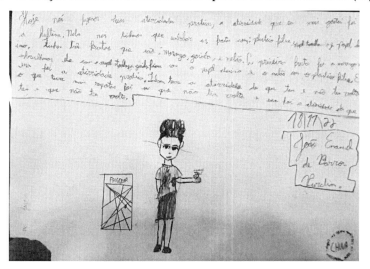

Fonte: autoria própria

Quadro 13 – Transcrição das escritas da Figura 9

Transcrição do relato do Sulfite 2
Hoje nós fizemos duas atividade práticas: a atividade que eu mais gostei foi a última; nela nós tínhamos que embalar as frutas com plástico filme, papel-toalha e papel-alumínio. Tinham três frutas que são: morango, goiaba e mamão. A primeira fruta foi o morango, que nós embalamos com papel-toalha, a goiaba ficou com o papel-alumínio e mamão com o plástico filme. E essa foi a atividade prática. Também teve a atividade do que tem e não tem volta. O que teve mais respostas foi a que não tem volta e essa foi a atividade [das frutas] que não tem volta.

Fonte: autoria própria

Figura 10 – Produção individual da aluna A09G2 após ter embalado as frutas (*Sulfite 3*)

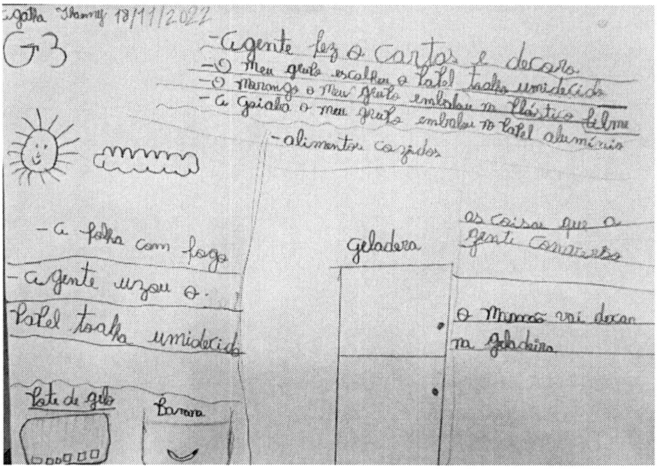

Fonte: autoria própria

Quadro 14 – Transcrição das escritas da Figura 10

Transcrição do relato do Sulfite 3
A gente fez o cartaz e decoramos. O meu grupo escolheu o papel-toalha umedecido. O morango o meu grupo embalou no plástico filme. A goiaba o meu grupo embalou no papel-alumínio. A folha com fogo. A gente usou papel-toalha umedecido. Pote de gelo. Banana. Alimentos cozidos. Geladeira. As coisas que a gente conversou, o mamão a gente vai colocar na geladeira.

Fonte: autoria própria

Figura 11 – Produção individual da aluna A21G4 após ter embalado as frutas (*Sulfite 4*)

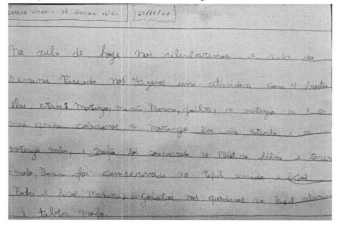

Fonte: autoria própria

Quadro 15 – Transcrição das escritas da Figura 11

Transcrição do relato do Sulfite 4
Na aula de hoje nós relembramos a aula da semana passada. Nós fizemos uma atividade com quatro frutas: elas eram: morango, mamão, banana e goiaba. O morango, eu e o meu grupo, colocamos o morango em um potinho e o morango mofou. O mamão foi conservado em um plástico filme e também mofou. A banana foi conservada em papel úmido e ficou podre e ficou madura. A goiaba nós guardamos no papel-alumínio e também mofou.

Fonte: autoria própria

Essas produções individuais foram bem ilustradas e apresentamos algumas transcrições para ilustrar os dizeres de alguns alunos:

- *"Na aula de hoje aprendemos transformações que têm volta e que não têm volta. Como o gelo que pode virar água e vice-versa."* (A15G3)
- *"Hoje a gente aprendeu sobre as coisas que podem voltar ao mesmo tipo: água, chocolate e ferro."* (A19G4)
- *"Na aula de hoje minha professora [falou de] transformações que não têm volta: papelão queimado, corte de árvore e de cabelo, borracha e lápis usados no papel, uso de perfume, cloro na roupa, alimentos cozidos, vidro [quebrado] e dentes."* (A14G3)
- *"A professora perguntou o que a gente acha que faz para evitar o apodrecimento das frutas e o que faz apodrecer. Fizemos um cartaz e embrulhamos as frutas e escolhemos as que vão para a geladeira."* (A21G4)
- *"A gente fez um cartaz: as flechas indicam os dois tipos: azuis, coisas que protegem e vermelha."* (A17G4)
- *"Eu e meu grupo desenhamos como proteger os alimentos, o que era ruim pintamos na cor vermelha; o que era bom pintamos na cor azul. Depois nós pegamos frutas como: banana, goiaba, mamão e morango. O morango foi colocado em uma vasilha; o mamão em plástico filme, a goiaba em papel-alumínio e a banana em papel-toalha umedecido."* (A19G4)
- *"Embalamos morango, goiaba e mamão. <u>Eu acho que as três vão ficar podres</u>."* (A05G1)

- "*A banana foi para a geladeira, o mamão colocamos em um plástico, <u>o morango em um pano meio úmido</u> e a goiaba em papel-alumínio. <u>Eu acho que o morango vai estragar</u>. Os outros eu acho que não vão estragar.*" (A12G3)
- "*O que protege as frutas: <u>geladeira, árvore</u> onde as frutas nascem.*" (A08G2)

Esses excertos foram extraídos das produções escritas dos alunos e montados visando dar uma visão geral do que foi feito e de que forma os alunos relataram suas experiências.

Analisando preliminarmente esse trecho no que diz respeito aos indicadores da alfabetização científica, podemos inferir que a *explicação* aparece com frequência, quando os alunos descrevem o que foi feito sobre as transformações reversíveis e irreversíveis, a forma de embalar as frutas e descrição do que foi feito nos cartazes. *Levantamento de hipóteses* e *Previsão* quando a aluna diz que acha que as três vão ficar podres, ou quando a aluna diz que acha que o morango vai estragar, baseado no fato dele ter sido embrulhado com pano úmido. E, finalmente, aparece uma *justificativa*, quando o aluno diz que a geladeira e a árvore prolongam sua vida útil. Tal afirmação é uma justificativa, na medida em que serve de apoio a uma conclusão. Por ser um texto mais narrativo/descritivo, não há indícios de que haja o *raciocínio lógico*.

4.4 Atividade Experimental com as frutas

A professora comprou no mercado/quitanda frutas reais: bananas, goiabas, mamões e morangos. Ela entregou em cada bancada e para cada grupo essas frutas. Também entregou materiais para embalar/acondicionar essas frutas: filme plástico, papel-alumínio, pano umedecido, potes herméticos e tinham à disposição a geladeira da escola. Os alunos deveriam discutir nos grupos a melhor forma de embalar/acondicionar as frutas para que elas pudessem se conservar por mais tempo. Portanto, os alunos tiveram liberdade de planejar e executar o experimento do seu grupo, para que na próxima semana (25/11/22) eles verificassem os resultados: qual fruta estragou? Qual conservou mais? Por quê?

- *Episódio 5 – Momento em que os alunos estão embalando as frutas*

A professora pede que os alunos observem bem as frutas, se estão muito maduras, como está a coloração, o cheiro etc. Os alunos começam a manipular, observar e cheirar as frutas. A câmera do celular começa a percorrer a sala em busca de diálogos que sejam relevantes para a pesquisa. Os alunos observam que na bandeja de morango há uma fruta estragada.

Quadro 16 – Práticas epistêmicas e capacidades argumentativas presentes no Episódio 5

Turno	P/A	Transcrição das falas	Práticas epistêmicas	Capacidades argumentativas
109	Profa.	*O que vocês observam?*	Proposição	
110	A02G1	*Tá estragado!*	Comunicação	Evidências
111	Profa.	*Por quê?*	-	-
112	A02G1	*Tem fungo.*	Legitimação	Argumento
113	Profa.	*E mais o quê? O que vocês falaram...*	Proposição	
114	A02G1	*Tem umidade.*	Legitimação	Argumento
115	Profa.	*Isso, a umidade provoca o aparecimento dos fungos.*	Avaliação	Argumento
116	A08G2	*Professora, esse [morango] está começando a estragar: ele tá com uma cor diferente, um cheiro diferente [...].*	Comunicação	Evidências
117	A08G2	*Muda a cor, o cheiro e tá mais vermelhinho.*		
118	Profa.	*Aí ele vai ficando [...]*		
119	A08G2	*Ficando preto, mais preto [...].*		
120	Profa.	*Por que está assim?*	Proposição	-
121	A08G2	*Tá mofado!*	Comunicação	Evidências
122	Profa.	*Por que que está mofado?*	Proposição	-
123	A15G3	*Ficou sufocado [...], ficou sem ar.*	Comunicação	Evidências
124	A15G3	*Tá muito tempo fora da geladeira.*		
125	Profa.	*Mas por que está com essa aparência?*	Proposição	

Turno	P/A	Transcrição das falas	Práticas epistêmicas	Capacidades argumentativas
126	A15G3	Por causa dos fungos.	Legitimação	Argumento
127	Profa.	Mas por que aparecem os fungos?		
128	A15G3	As frutas precisam de ar [...]. Essas coisas não podem ficar muito tempo trancada em um lugar.	Avaliação	Argumento
129	Profa.	Vocês estão embalando a banana no papel-alumínio?	Proposição	
130	A14G3	É pra proteger!	Comunicação	Evidências
131	Profa.	Se o papel alumínio protege os alimentos, por que no mercado eles não vendem a banana deste jeito?	Proposição	
132	A14G3	É verdade, né? Eu nunca vi [...].	-	-
133	A19G4	As frutas precisam de ar [...]. Essas coisas não podem ficar muito tempo trancada em um lugar.	Avaliação	Argumento
134	A19G4	É eles (meu grupo) que estão querendo embalar as frutas no papel-alumínio.	Comunicação	Evidências
135	Profa.	Eles (o grupo) estão certos [...], o mercado só não embala desta maneira, porque o cliente não pode ver. No filme plástico, como é transparente, o cliente consegue ver a fruta.	Avaliação	Contra-argumentos e Teorias alternativas

Fonte: autoria própria

Ao ver que os alunos perceberam um morango estragado na bandeja, a professora chamou a atenção para aquela fruta, em específico [proposição]. Os alunos *comunicam* e trazem *evidências* de que a fruta está estragada [turno 110], *legitimando* e *argumentando* que há a presença de fungos e umidade [turnos 113 e 114, respectivamente]. A professora *avalia* a situação e *argumenta* que a umidade na fruta é responsável pelo aparecimento de fungos, que provoca a sua degeneração [turno 115].

No segundo trecho do episódio 5, o aluno *comunica* as *evidências* de que há um fruto (morango) estragado devido à sua aparência mais avermelhada, com partes escuras e cheiro forte. Ao ser questionado pela professora sobre as causas dessas características, o aluno diz [*comunica* e *evidencia*] que há presença de mofo, devido à fruta ficar sufocada e sem ventilação [turno 123] e muito tempo fora da geladeira [turno 124]. O aluno *legitima* e *argumenta* que os fungos são os agentes responsáveis pela degeneração da fruta. Finalmente o aluno avalia e argumenta que o aparecimento de fungos é devido à falta de circulação do ar [turno 128].

Em um dos grupos, os alunos estavam embalando a banana em papel-alumínio [*proposição*]. Segundo os alunos eles estão protegendo a fruta [*comunicação* e *evidência*]. A professora observa que nos supermercados eles não comercializam a banana embalada [*proposição*]. Uma aluna *avalia* e *argumenta*, no turno 133, que as frutas precisam de ar, e não podem ficar embaladas, pois isso contribui para o aparecimento de fungos. No turno 135, a professora *avalia* e *contra-argumenta* que a fruta pode ficar protegida, mas com filme fino, e não com o papel-alumínio, visto que isso não despertará interesse do consumidor. Segundo a categoria das capacidades argumentativas referentes às *teorias alternativas*, o papel-alumínio também ajuda a proteger as frutas, porém o ideal seria em bandejas recobertas com o filme plástico, que é transparente.

Nesse episódio podemos notar que os alunos elaboram explicações ou argumentos sobre a causa do morango estragado. Em conjunto eles expõem uma ideia, ancorada em uma justificativa/evidência de que a fruta precisa de ventilação e luminosidade. Assim, os alunos puderam inferir que o que provoca o fungo é a umidade, aliado à temperatura mais alta e falta de luz.

4.5 Observando as frutas após uma semana

A professora iniciou relembrando tudo o que foi visto e feito na semana anterior (18/11/22). As transformações reversíveis e irreversíveis. O trabalho com os cartazes, que consistiu em colocar frutas na parte central da cartolina, ligando a parte periférica com caneta azul, para aquilo que ajuda a conservar as frutas, e com caneta vermelha o que faz elas estragarem com facilidade.

A professora entregou a bacia que continha as frutas dos respectivos grupos e pegou as frutas que os grupos tinham guardado na geladeira para que eles pudessem observar o estado delas.

- *Episódio 6 – Momento em que os alunos observaram as frutas (passada uma semana)*

Os alunos receberam as frutas e começaram a observar e a conversar com os colegas. Algumas frutas, como a banana que ficou na geladeira, ficaram pretas. O morango enrolado com papel umedecido também pretejou e apareceram fungos. O mamão colocado na geladeira conservou-se, nos mamões que ficaram fora apareceram pontos de fungos.

Quadro 16 – Práticas epistêmicas e capacidades argumentativas presentes no Episódio 6

Turno	P/A	Transcrição das falas	Práticas epistêmicas	Capacidades argumentativas
136	A08G2	Esse mamão tá muito mole.	Comunicação	Evidências
137	Profa.	Sim, já passou uns dias...		
138	A08G2	Mesmo não tendo estragado tanto, ele amoleceu.		
139	A08G2	Mas esta parte aqui está boa...		
140	Profa.	A parte mole deve ter encostado na geladeira.		
141	A08G2	Tá saindo líquido, tá começando a sair líquido... se apertar, o líquido sai.		
142	A08G2	Tá mole, mas não tem cheiro.		
143	A08G2	O mamão não está podre. O mamão, embora por fora tenha fungos, por dentro está bom, está mais conservado.	Legitimação	Contra-argumento
144	Profa.	Será que, se a gente tivesse secado a fruta antes de embalar, ela teria estragado menos?	Proposição	

Turno	P/A	Transcrição das falas	Práticas epistêmicas	Capacidades argumentativas
145	A08G2	Sim!		
146	Profa.	Vou dar um exemplo. Não sei se vocês já viram... tem uma vasilha que você gira e ela tira o excesso de água [...]. Chama "seca-salada". Aí eu dou uma secadinha para tirar a umidade, coloco em um "topware" intercalando a alface e o papel-toalha. Ela dura bem mais tempo na geladeira. Porque nós vimos, no caso do morango, que a umidade ajuda a estragar mais fácil.	Legitimação	Argumento
147	A08G2	Então, como você disse a água estraga mais rápido, se a gente secar, ajuda a conservar.	Avaliação	Argumento
148	A08G2	O morango também está saindo líquido...	Comunicação	Evidências
149	Profa.	Toda fruta tem líquido. Umas mais, outras menos...		
150	A08G2	É... tipo maçã... maçã não tem muito líquido. Desse líquido sai o gosto da fruta.	Legitimação	Argumento
151	Profa.	Qual fruta tem bastante líquido?	Proposição	-
152	A08G2	Laranja! Melancia. Dá até pra fazer suco. Fica muito bom o suco!	Comunicação	Evidências
153	Profa.	Será que o líquido que tem dentro da fruta é que faz a fruta estragar? Por exemplo, uma maçã, que não tem muito líquido, estraga mais ou menos que uma laranja?	Proposição	-
154	A08G2	Uma laranja estraga mais rápido [...], mas não é o líquido que estraga [...].		Argumento
155	A08G2	A banana, não tem muito líquido e mesmo assim estraga.	Legitimação	Contra-argumento
156	A08G2	Laranja tem muito líquido e não estraga fácil [...].		Contra-argumento
157	Profa.	Então, você acha que é o líquido de dentro da fruta que faz ela estragar?	Proposição	-

Turno	P/A	Transcrição das falas	Práticas epistêmicas	Capacidades argumentativas
158	A08G2	Não! Não é o líquido [da fruta] que estraga [...].	Avaliação	Refutar
159	A15G3	Prô, isso que a gente tá fazendo não é desperdício de alimento?	Proposição	-
160	Profa.	Não, é investimento em aprendizagem. Eu comprei pra vocês aprenderem sobre a conservação dos alimentos, sobre as transformações que ocorrem, pra vocês observarem.	Legitimação	Argumento
161	Profa.	Tem tanta comida no mundo e, no entanto, muita gente passa fome, então o que a gente pode fazer para conservar os alimentos?	Proposição	-
162	Profa.	A Agatha falou que na casa dela se compra em pequenas quantidades, para evitar de estragar. Então, comprar em pequenas quantidades é uma forma de evitar o desperdício. Você compra pouco e, depois de consumir [...], compra mais.	Legitimação	Argumento
163	Profa.	O que mais a gente pode fazer pra evitar o desperdício?	Proposição	-
164	A12G3	Dá pra fazer bolo!		
165	A21G4	Vitamina!		
166	A05G1	Dá pra fazer doce ou sorvete.		
167	A03G1	Minha mãe viu que o leite já estava pra vencer e ela fez doce de leite. Ela reaproveitou.	Legitimação	Argumento
168	Profa.	Ela reaproveitou, é isso aí!		
169	A14G3	Minha mãe já fez queijo!		
170	A09G2	Dá pra fazer vitamina com o leite.		
171	Profa.	Isso aí [...], dá pra fazer vitamina.		

Turno	P/A	Transcrição das falas	Práticas epistêmicas	Capacidades argumentativas
172	Profa.	A gente falou sobre as frutas, para evitar o desperdício, e com relação às embalagens? A gente tem que saber descartar de forma correta. Esse lixo que é gerado, ou seja, esse plástico e esse isopor a gente vai descartar de qualquer jeito?	Proposição	-
173	A08G2	Dá pra reutilizar.	Comunicação	Evidências
174	Profa.	Sim, dá pra reutilizar! Vocês ouviram falar que o plástico demora muito para se decompor no meio ambiente? E outra coisa: tem coleta seletiva. Tem cooperativa que passa recolhendo lixo reciclável. A gente separa o que é reciclável, ao invés de colocar no lixo comum.	Legitimação	Argumento
175	A08G2	Minha mãe trabalha cuidando de uma pessoa idosa e a filha dela dá pra minha mãe trazer coisas para mim e pra minha irmã.	Comunicação	Evidências
176	Profa.	Ou seja, sua mãe reaproveita.	-	-
177	Profa.	Outra coisa, se sua mãe fez bastante comida [...] ao invés de jogar fora, dá pra congelar. Se cozinhar feijão e deixar na geladeira, ele dura algum tempo, mas depois estraga. Para não estragar, eu pego potes menores e congelo. Depois de dez dias, eu descongelo o feijão, porque congelado ele não estraga.	Avaliação	Argumento

Fonte: autoria própria

  Nos turnos 136 a 142 há *comunicação* e *evidências* de muitas observações feitas em relação ao mamão. Inicialmente, o aluno observa que o mamão está bom, mas ficou um pouco mole [turnos 136 e 138] com a presença de líquido no seu interior [turno 141]. No entanto, ele *comunica* e *evidencia* o fato de que o líquido não tem cheiro característico de uma fruta estragada. Assim, embora apresente pontos da presença de fungos, não há evidências de que ele esteja podre [turno 143]. Esse aluno constrói um *argumento*, se contrapondo às ideias apresentadas pelos colegas, o que se caracteriza por um contra-argumento.

Figura 12 – Alunos observando as frutas com a professora

Fonte: a autora

O aluno observou que o mamão estava mole e soltando líquido. Porém, comunicou duas observações importantes: o líquido dá sabor às frutas e não havia cheiro de mamão estragado. Acrescentou ainda que não há uma relação direta entre a quantidade de líquido e o tempo de degeneração das frutas. Assim, o aluno chega à conclusão de que não é o líquido interno o responsável pela fruta estragar. Há a elaboração de uma linha de raciocínio, uma prática epistêmica, associada à instância social de comunicação do conhecimento.

A professora pergunta aos alunos: se, antes de embalar, nós tivéssemos o cuidado em secar as frutas, elas estragariam menos? Os alunos foram unânimes em dizer que sim! A professora *legitima* o conhecimento *argumentando* que existe um utensílio de cozinha que, por meio da força centrípeta, ajuda a retirar a água das verduras e, se estas forem armazenadas de forma separada por um papel-toalha, isso ajuda a conservá-las [turno 146]. O aluno conclui que se a umidade (água) contribui para estragar a fruta, se secarmos, ela não estragará com facilidade [turno 147].

O aluno observa também a presença de líquido no morango [turno 148], e a professora diz que é intrínseco da fruta, pois toda fruta tem na sua composição a presença de líquido [turno 149]. O aluno *legitima* e *argumenta* que esse líquido interno é responsável pelo gosto e sabor da fruta [turno 150], inclusive dando para fazer sucos deliciosos [turno 152].

A aluna observou que o morango tinha umidade e estava molhado, uma vez que seu grupo decidiu enrolar o morango com um pano umedecido e colocá-lo em uma vasilha plástica (Tupperware). A professora perguntou se essa umidade externa era responsável pela deterioração da fruta. O aluno concordou, mas disse que se estivesse colocado na geladeira com o filme plástico estragava mais rapidamente. Na concepção do aluno, envolver a fruta com o filme plástico impede a evaporação da água do próprio alimento.

Então a professora perguntou se se secasse a fruta teria estragado menos. O aluno concordou. A professora citou um exemplo: para se conservar a alface por mais tempo era necessário retirar o excesso de água. Isso é feito com uma vasilha que, ao girar, se utiliza da força centrípeta para a retirada da água. O aluno chegou à conclusão de que, se retirar a umidade da fruta antes de embalar, isso permite que a fruta dure por mais tempo e não estrague com facilidade.

A professora *propõe* que os alunos reflitam se é esse líquido interno o responsável por fazer as frutas estragarem [turno 153]. O aluno *contra-argumenta* dizendo que não é o líquido da fruta que faz ela estragar, pois uma laranja tem muito líquido e não estraga com facilidade [turno 156] e uma banana, mesmo tendo pouco líquido, também estraga [turno 155]. Esse raciocínio é interessante, pois apresenta estrutura, lógica e argumentação. Portanto, o aluno *refuta* a proposição da professora *avaliando* que não é o líquido interno da fruta [turno 158], mas a umidade externa. Trata-se de um contra-argumento e, nesse caso, de forma a avaliar o argumento da professora. Temos uma prática epistêmica na instância de avaliação do conhecimento.

Na segunda parte desse episódio, a aluna questiona (*proposição*) a professora se essa atividade com as frutas já não seria um desperdício de alimento [turno 159]. A professora argumenta dizendo que na verdade é um investimento no conhecimento [turno 160], para o ensino das transformações irreversíveis, mas principalmente para ensinar como evitar o desperdício. Sendo assim, essa atividade vai propiciar, na pior das hipóteses, a conscientização dessas crianças, que podem ainda replicar esses conhecimentos.

A professora lembra da proposição que está no roteiro [turno 161]: se apesar da quantidade de alimentos no mundo, temos tanta gente passando fome, o que fazer para evitar o desperdício? E comunica a fala de uma aluna que disse que sua mãe comprava em pequenas quantidades ou porções. Os alunos listaram várias coisas, *argumentando* o que é possível fazer para evitar o desperdício, como bolos, doces, queijos, vitaminas etc. Uma aluna *legitimou* a situação *argumentando* que sua mãe, percebendo que o leite estava para vencer, decidiu fazer doce de leite [turno 167].

Finalmente, na última parte desse episódio a professora tratou de questões sociocientíficas: o que fazer com as embalagens dos alimentos? Uma vez que esses materiais demoram muito tempo para se decompor na natureza, devemos reutilizar as embalagens ou descartar de forma correta, por meio da coleta seletiva, para que as cooperativas possam reciclar esses materiais [turno 174].

A professora disse também que uma forma de conservar os alimentos (como o feijão) é congelando, para que estes possam ser consumidos posteriormente [turno 177].

- *Atividade individual em folha de sulfite*

A professora entregou aos grupos as respectivas bacias que continham as frutas que eles haviam embalado na semana anterior, bem como as frutas que tinham ido para a geladeira. Os alunos puderam observar o aspecto, textura e cheiro das frutas. A professora entregou uma folha de sulfite para que cada aluno pudesse descrever e ilustrar o que tinha observado. As Figuras 13, 14, 15, 16, 17 e 18 apresentam as produções mais relevantes, em que há tanto desenhos como textos escritos. Elas contêm informações mais descritivas de como ficaram as frutas.

Figura 13 – Produção individual do aluno A02G1 após realizar o experimento (*Sulfite 1*)

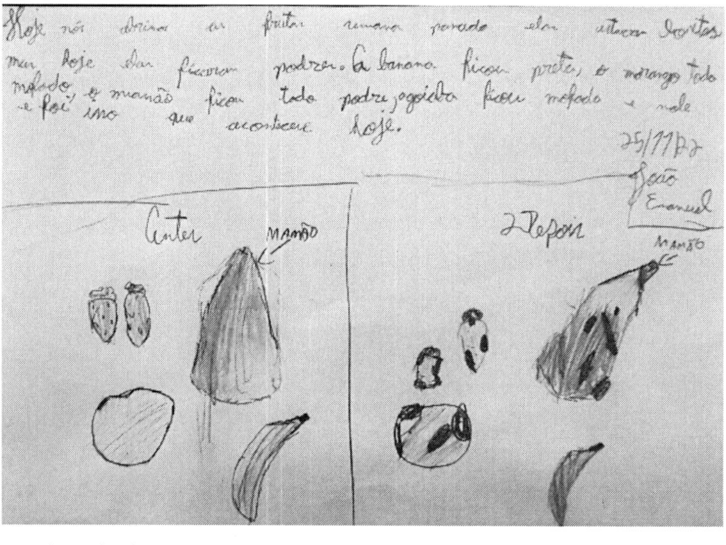

Fonte: autoria própria

Quadro 16 – Transcrição das escritas da Figura 13

Transcrição do relato do Sulfite 1
Hoje nós abrimos as frutas. Na semana passada elas estavam bonitas, mas hoje elas ficaram podres. A banana ficou preta, o morango todo mofado, o mamão ficou todo podre, a goiaba ficou mofada e mole. E foi isso que aconteceu hoje.

Fonte: autoria própria

Figura 14 – Produção individual do aluno A01G1 após realizar o experimento (*Sulfite 2*)

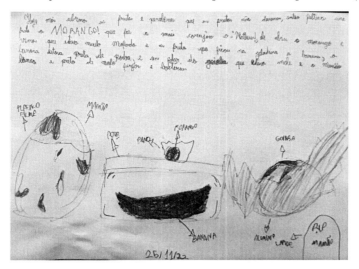

Fonte: autoria própria

Quadro 17 – Transcrição das escritas da Figura 14

Transcrição do relato do Sulfite 2
Hoje nós abrimos as frutas e percebemos que as frutas não duraram, então faltava uma fruta, o morango! O mais corajoso foi o Matheus. Ele abriu o morango e vimos que estava muito mofado e a fruta que ficou na geladeira a banana estava preta de podre, e sem falar da goiaba, que estava mole e o mamão branco e preto de mofo, fungo e bactérias.

Fonte: autoria própria

Figura 15 – Produção individual da aluna A05G1 após realizar o experimento (*Sulfite 3*)

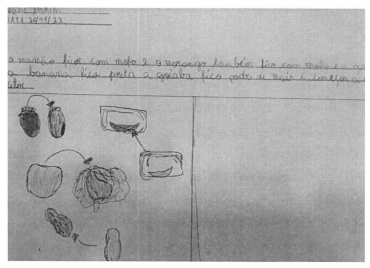

Fonte: autoria própria

Quadro 18 – Transcrição das escritas da Figura 15

Transcrição do relato do Sulfite 3
O mamão ficou com mofo, o morango também ficou com mofo, a goiaba ficou preta e a goiaba ficou podre demais e começou a derreter.

Fonte: autoria própria

Figura 16 – Produção individual da aluna A12G3 após realizar o experimento (*Sulfite 4*)

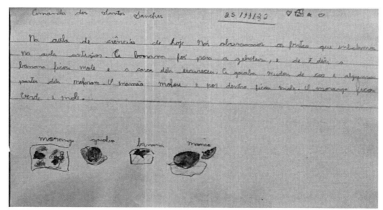

Fonte: autoria própria

Quadro 19 – Transcrição das escritas da Figura 16

Transcrição do relato do Sulfite 4
Na aula de ciência de hoje, nós observamos as frutas que embalamos na aula anterior. A banana foi para a geladeira e em 7 dias a banana ficou mole e a casca dela escureceu. A goiaba mudou de cor e algumas partes mofaram. O mamão mofou e por dentro ficou mole. O morango ficou verde e mole.

Fonte: autoria própria

Figura 17 – Produção individual da aluna A15G3 após realizar o experimento (*Sulfite 5*)

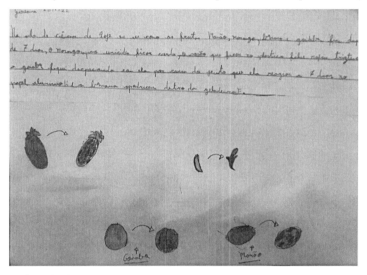

Fonte: autoria própria

Quadro 20 – Transcrição das escritas da Figura 17

Transcrição do relato do Sulfite 5
Na aula de ciências de hoje, eu vi como as frutas (mamão, morango, banana e goiaba) ficaram depois de 7 dias. O morango [embalado] no pano umedecido ficou verde; o mamão que ficou no plástico filme mofou tristemente, a goiaba fiquei decepcionada com ela, por causa do jeito que ela reagiu a 7 dias no papel-alumínio e a banana apodreceu dentro da geladeira.

Fonte: autoria própria

Figura 18 – Produção individual do aluno A10G2 após realizar o experimento (*Sulfite 6*)

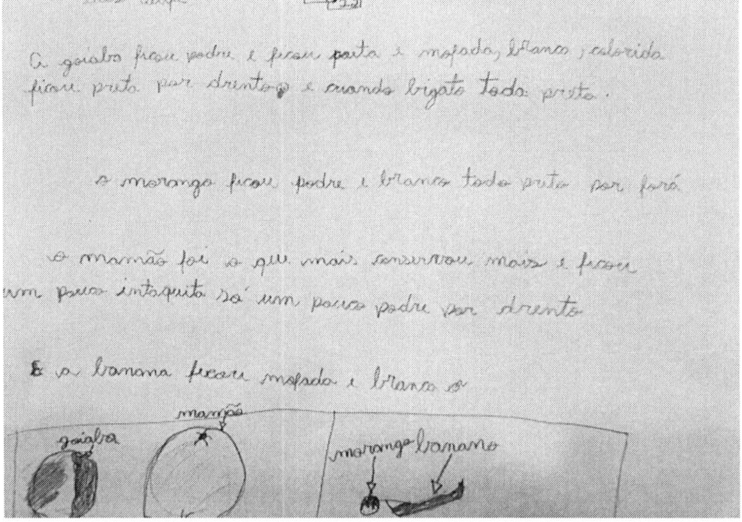

Fonte: autoria própria

Quadro 21 – Transcrição das escritas da Figura 18

Transcrição do relato do Sulfite 6
A goiaba ficou podre e ficou preta, branca, colorida e mofada, ficou preta por dentro e criando bigato. O morango ficou podre e branco por fora. O mamão foi o que mais conservou e ficou um pouco intacto, só um pouco podre por dentro. E a banana ficou mofada e branca.

Fonte: autoria própria

Nas Figuras 19, 20 e 21 apresentamos mais produções individuais, nas quais temos a predominância de textos escritos. Elas apresentam informações sobre o que os alunos fizeram, bem como formas de conservar os alimentos. De forma geral, os relatos foram que a banana ficou preta; o morango com mofo; o mamão ficou mole e estragado; relatos das frutas com fungos e bactérias. ("[...] sem falar do branco e preto de mofo, fungos e bactérias"). Mesmo as frutas que foram para a geladeira se deterioraram por causa da umidade, embora a umidade não seja do ambiente da geladeira, mas da própria fruta.

Figura 19 – Produção individual da aluna A14G3 após realizar o experimento (*Sulfite 1*)

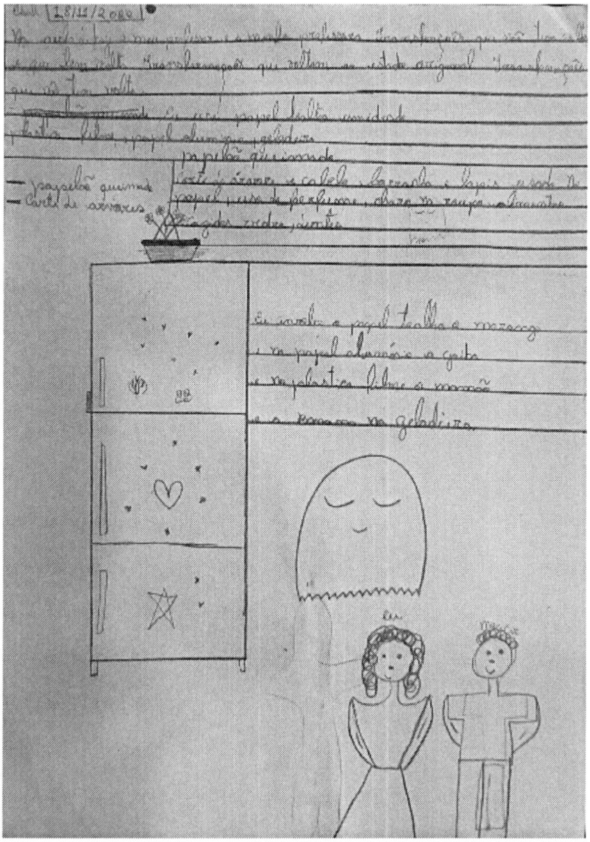

Fonte: autoria própria

Quadro 22 – Transcrição das escritas da Figura 19

Transcrição do relato do Sulfite 1
Na aula de hoje, minha professora [apresentou] transformações que não têm volta e que têm volta, que voltam ao estado original. Transformações que não têm volta: papelão queimado, corte de árvore, cabelo, borracha e lápis usados no papel, uso de perfume, cloro na roupa, alimentos cozidos, vidros [quebrados] e dentes [arrancados]. Eu usei papel-toalha umedecido, plástico filme, palpel-alumínio e geladeira: eu envolvi no papel-toalha o morango; no papel-alumínio a goiaba; no plástico filme o mamão e a banana na geladeira.

Fonte: autoria própria

Figura 20 – Produção individual da aluna A12G3 após realizar o experimento (*Sulfite 2*)

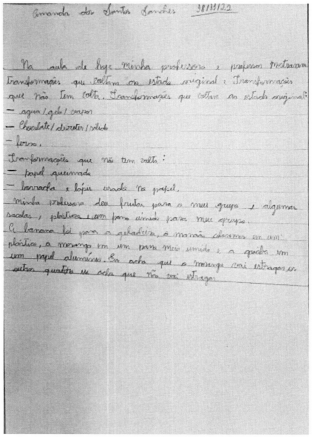

Fonte: autoria própria

Quadro 23 – Transcrição das escritas da Figura 20

Transcrição do relato do Sulfite 2
Na aula de hoje minha professora mostrou transformações que voltam ao estado original e transformações que não têm volta. Transformações que voltam ao estado original: água/gelo/vapor; chocolate/derrete/sólido; ferro. Transformações que não têm volta: papel queimado; borracha e lápis usados no papel. Minha professora deu frutas para o meu grupo, algumas sacolas, plásticos e um pano úmido para o meu grupo. A banana foi para a geladeira, o mamão colocamos em um plástico, o morango em um pano meio úmido e a goiaba em um papel-alumínio. Eu acho que o morango vai estragar; os outros quatro, eu acho que não vão estragar.

Fonte: autoria própria

Figura 21 – Produção individual do aluno A11G3 após realizar o experimento (*Sulfite 3*)

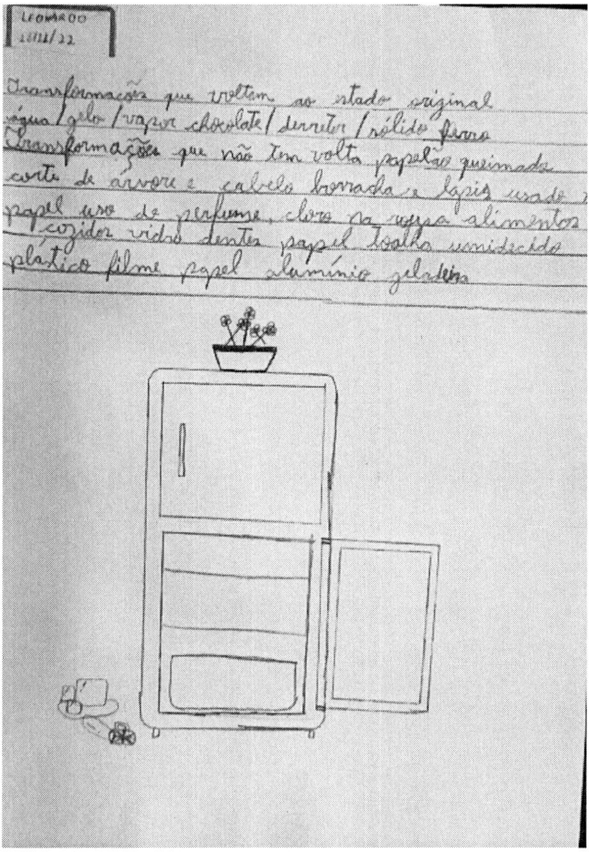

Fonte: autoria própria

Quadro 24 – Transcrição das escritas da Figura 21

Transcrição do relato do Sulfite 3
Transformações que voltam ao estado original: água/gelo/vapor; chocolate/derrete/sólido; ferro. Transformações que não têm volta: papelão queimado, corte de árvore; cabelo; borracha e lápis usados no papel; uso de perfume; cloro na roupa; alimentos cozidos, vidro, dentes. Papel toalha umedecido, filme pástico, papel-alumínio, geladeira.

Fonte: autoria própria

    Essas produções individuais foram bem ilustradas e apresentamos os excertos mais relevantes com o encadeamento de ideias, para analisá-los em função dos indicadores da alfabetização científica:

- *"Na aula de ciências de hoje eu sei como as frutas, o mamão, o morango, a banana e a goiaba ficaram depois de 7 dias."* (A15G3)
- *"Na aula de hoje nós desembrulhamos as frutas que nós embalamos."* (A23G4)
- *"Na semana passada elas estavam bonitas, mas hoje elas ficaram podres. A banana ficou preta, o morango todo mofado, o mamão ficou todo podre e a goiaba ficou mofada e mole."* (A02G1)
- *"Na semana anterior a banana estava amarelinha. Hoje está preta e branca."* (A07G2)
- *"A banana foi para a geladeira, e em 7 dias a banana ficou mole e a casca dela escureceu."* (A12G3)
- *"O morango ficou muito mofado, muito estragado e fedendo."* (A13G3)
- *"O morango tá com uma gosma muito nojenta e um cheiro horrível."* (A09G2)
- *"O morango, no pano umedecido, ficou verde. O mamão que ficou no plástico filme mofou tristemente. A goiaba, fiquei decepcionada com ela por causa do jeito que ela reagiu a 7 dias no papel-alumínio e a banana apodreceu dentro da geladeira."* (A18G4)
- *"Abrimos o morango e vimos que estava muito mofado e a fruta que ficou na geladeira, a banana, estava preta de podre e sem falar da goiaba, que estava mole, e o mamão branco e preto de mofo de fungos e bactérias."* (A15G3)
- *"Realmente eu não tinha certeza sobre o que iria acontecer, mas agora tenho: nada deu certo! A banana no papel molhado, o mamão no plástico filme, a goiaba no papel-alumínio e o morango no potinho. Mas a que mais estragou foi a banana. Ela ficou muito podre e por dentro parecia que tinha uns bichinhos e o cheiro estava horrível, não dava para suportar e o cheiro estava muito ruim e enjoativo. Mas o que mais durou foi o morango."* (A19G4)
- *"O mamão está soltando água e o morango eu acho que não tinha nada protegendo ele na geladeira e os que têm plástico filme estraga mais rápido."* (A08G2)

As produções, por terem características mais descritivas daquilo que foi feito na aula e do estado em que ficaram as frutas, têm *caráter explicativo* contando que as frutas estavam boas e decorrida uma semana ficaram com coloração, aspecto e cheiro desagradáveis. Uma aluna disse que não tinha ideia do que poderia acontecer, mas que agora ela tem: nada deu certo! Embora ela diga que não tinha ideia, sua *hipótese* é de que as frutas ao serem embaladas iam se conservar, o que não ocorreu. Sua *previsão* não foi confirmada. Os alunos procuram *justificar* o estado de conservação das frutas por meio das palavras, mofo, fungos e bactérias. Um aluno apresenta um *raciocínio lógico* ao dizer que não havia nada protegendo o morango e que mesmo as frutas que foram embaladas com filme plástico não se conservaram. Chegamos à conclusão de que as frutas antes de serem enroladas no filme plástico podiam ter sido enxutas, evitando a umidade do ar e favorecendo que elas estragassem menos. Nossa suposição é de que talvez, se tivéssemos secado as frutas antes de embalar, isso não teria acontecido. Assim, pudemos identificar nessas produções individuais alguns indicadores da alfabetização científica.

Os resultados puderam nos mostrar a presença de práticas epistêmicas, capacidade argumentativa e indicadores da alfabetização científica, tão relevantes para o ensino de ciências.

CONCLUSÃO

Nosso principal objetivo neste trabalho foi o de mostrar ao leitor os resultados da aplicação de uma Sequência de Ensino Investigativa em uma turma de 4º ano do ensino fundamental, explorando suas potencialidades, identificando possíveis deficiências, buscando caminhos viáveis para o ensino de ciências nessa fase da escolaridade.

O tema escolhido para essa Sequência de Ensino Investigativa, em consonância com o currículo municipal e com o livro didático em uso pela rede, foi o das reações reversíveis e irreversíveis. Ele envolve fenômenos físicos, químicos e biológicos, faz parte da vivência das crianças, tem um forte apelo CTSA, um dos pilares do ensino por investigação que adotamos.

Com as Sequências de Ensino Investigativas temos como objetivo a alfabetização científica dos estudantes, entendida como processo longo, complexo, mas que pode e deve ser iniciada já nos primeiros anos pela escola. Defendemos esse ponto de vista ao longo deste texto, e temos elementos suficientes para afirmar que a referida Sequência oferece total suporte para o cumprimento desse objetivo.

Como pudemos observar nas argumentações das crianças e nas análises que fizemos, há um intenso diálogo entre saberes, conhecimentos, vivências, em suma, conceitos de senso comum com os quais a criança toma contato desde o nascimento e que são trazidos para o espaço escolar, e o conhecimento científico, sistematizado, estruturado, ensinado na escola e apenas pela escola. Mas esse diálogo só ocorre se, na estruturação e no desenvolvimento das aulas, houver espaço para manifestação dos alunos. Como fartamente evidenciado pelos nossos dados e análises, na Sequência de Ensino proposta houve espaço para que esses conhecimentos prévios fossem utilizados pelas crianças. Sem eles as aulas ficariam reduzidas a transmissão de informações corretas para os alunos, e isso historicamente tem se mostrado insuficiente e equivocado.

Alfabetização científica como objetivo do ensino de ciências, Ensino por Investigação como forma de organizar as aulas e conduzir o processo e, finalmente, CTSA como fonte inesgotável de temas para a composição do currículo formam um conjunto orgânico, que atua em consonância com necessidades e possibilidades percebidas na vivência da grande maioria das crianças. No entanto, é evidente que a Sequência de Ensino proposta, apesar de rica e completa no que se refere ao desenvolvimento do tema, é mais trabalhosa para a professora. Requer tempo de estudo, preparação de materiais, entre eles os necessários para as atividades práticas e experimentais, tempo para análise dos resultados e avaliação do desempenho dos alunos. Em comparação com o ensino comumente presente nas aulas, sabemos, dará mais trabalho para a professora. Mas o que dá menos trabalho do que chegar na escola, abrir o livro e pedir para as crianças lerem e responderem a um questionário? A tarefa necessária é superar o modelo simplista do "ponto-questionário", e não é necessário muito empenho para percebermos que qualquer outra forma de ensino dará mais trabalho que isso que ocorre hoje. Nosso argumento, então, se centra no fato de que os resultados obtidos com os alunos compensam o trabalho excedente. A costumeira monotonia das aulas de exposição e "transferência" de conhecimentos desaparece.

Como brevemente mostrado na discussão teórica deste trabalho, ocorre uma ruptura entre formas de pensamento da criança quando este deixa de ser apenas prático e passa a ser também verbal. Em outras palavras, quando a criança começa a falar é introduzida uma nova linha de desenvolvimento em seu pensamento. Na fase de escolaridade que nos interessa, foco desta pesquisa, ainda sob a perspectiva da Teoria Sociointeracionista de Vigotski, uma nova ruptura ocorre quando a criança começa a aprender os conceitos científicos na escola. A estrutura própria desses conceitos altera e começa a estruturar o pensamento de senso comum.

Nossos dados analisados à luz dessa distinção nos permitem dizer que a aprendizagem de novas palavras ou a ressignificação de palavras já pertencentes ao vocabulário dos alunos, agora no contexto das aulas de ciências e com a estruturação característica (relações de causalidade, dependência, temporalidade, generalização etc.) contribui para o desenvolvimento das capacidades argumentativas e, consequentemente, para a alfabetização científica, em consonância com o exposto por Raboni e Carvalho (2021). Por exemplo o fato de a criança entender que é necessário dar uma explicação causal para uma observação, como a do apodrecimento das frutas, já introduz um elemento novo em sua forma de pensar. Da mesma forma, a percepção pela criança da presença de um elemento novo ou ainda não visto por ela em um experimento, como foi o caso da presença de umidade nas frutas, altera toda a visão que ela tinha sobre o fenômeno, dando inclusive a possibilidade de generalizar: será que com outros alimentos acontece a mesma coisa que com essas frutas?

Nesse mesmo sentido e a partir do mesmo referencial teórico, quando a criança ouve uma palavra proferida por um colega ou pela professora, palavra essa que dá sentido a um conjunto de acontecimentos, ela passa, aos poucos, do plano interpessoal para o plano intrapessoal. Internalizada, a palavra se torna um instrumento de pensamento agindo sobre o cérebro da criança. O pensamento que já é verbal sofre uma ampliação no seu vocabulário e enriquece os sentidos das demais palavras.

No ensino de ciências as interações discursivas ocorrem a todo momento, entre os alunos e destes com o professor. Assim, em sala de aula, trata-se de um processo interativo entre os alunos que tentam convencer os colegas a aceitar o seu ponto de vista. É um processo democrático, visto que em certas ocasiões eles têm que reconhecer falha em seu modelo explicativo e aceitar novas ideias. Nesse sentido, a argumentação é um processo social e dinâmico, envolvendo indivíduos engajados em pensar, construir e criticar o conhecimento. Porém, nem sempre a argumentação é lógica racional e baseada em evidências científicas. Se a argumentação em aula for realizada segundo os preceitos do Ensino por Investigação, caminhará inevitavelmente para níveis mais científicos se considerarmos os conceitos científicos da forma como defende Vigotski (e Tunes), com relações cada vez mais numerosas e complexas com outros conceitos.

Merece destaque nesta breve avaliação o papel desempenhado pelo registro escrito dos alunos (textos e desenhos). O momento do registro é posterior a todas as interações verbais e trocas de outra natureza entre os alunos. Eles falam, gesticulam, dão exemplos, fazem perguntas, respondem, e no final buscam uma síntese do que foi mais marcante na atividade. Escrever, diz Vigotski (2008), mobiliza outras funções psicológicas diferentes das da fala, tanto a inter quanto a intrapsíquica. A fala interior é abreviada, desprovida de elementos da linguagem escrita desnecessários ao pensamento. O registro escrito necessita ser completo, tem que dar compreensão daquilo que a criança está pensando a um outro, externo e diferente, que não necessariamente passou pelo mesmo processo de produção das ideias e nem viu os mesmos fatos. Nesse sentido, o registro escrito é um passo a mais em direção a uma argumentação "mais científica".

A partir da exposição pela professora, seja de um experimento ou de uma situação-problema, contando com a abertura que o Ensino por

Investigação permite aos alunos, vimos que são abundantes os exemplos dados pelas crianças que, na visão deles, se aproximam do caso exposto, que dizem respeito ao mesmo fenômeno. Nem sempre esses exemplos foram corretos, pois envolviam outros fenômenos de natureza diferente, mas isso não elimina a importância de serem explicitados em aula. A percepção da diferença é, muitas vezes, condição para compreensão daquilo que é igual.

As falas das crianças estão repletas de termos científicos como *mofo, bolor, fungos* e *bactérias*. São palavras que fazem parte do dia a dia e do repertório das crianças, mas ainda não são conceitos. Surgem isoladas, desligadas dos objetos e situações que lhes deram origem e, embora se aproximem do fenômeno em discussão, necessitam de muito trabalho para que, depuradas, conectadas a outros termos, comecem a gerar os conceitos verdadeiros. Mas é importante lembrar que estamos lidando com um processo de construção de conceitos, longo e tortuoso, e esse uso é apenas o início.

A partir da problematização da realidade, seja pelo uso de pequenos experimentos, seja pela leitura de um texto ou uso de um vídeo, os alunos começam a fazer previsões e a elaborar hipóteses sobre a evolução do fenômeno. Vimos isso nas previsões que fizeram acerca do apodrecimento ou conservação das frutas. Esse é um momento de especial importância, pois se aproxima do trabalho real dos cientistas em seus ofícios. Representam, portanto, um caso particular de *prática epistêmica* que precisa ser aprofundado em outros estudos.

Baseados nos resultados encontrados, trazemos uma questão para reflexão: *de que forma as interações discursivas dos alunos sobre uma Sequência de Ensino Investigativa coerentemente planejada fomentam o "falar ciências" pelas crianças?*

Assim, nossos resultados, apresentados neste livro, têm como contribuição uma educação de qualidade na formação de alunos criativos, autônomos e críticos, ou seja, alunos que não verão a ciência como algo intangível, mas sim como algo a seu alcance e presente em quase tudo ao seu redor. Temos elementos suficientes para acreditar que, com o uso das Sequências de Ensino Investigativas, aumentam muito as chances de que o conhecimento aprendido pela criança reverbere para toda a vida, como princípio de ação e de pensamento sobre problemas escolares, de ciências, mas também os de outras esferas. Num sentido amplo, ser alfabetizado cientificamente pode trazer vantagens individuais e coletivas, menor exposição a riscos, maior capacidade de planejamento, entre outras.

A proposta de Ensino de Ciências por Investigação da qual faz parte a Sequência de Ensino Investigativa em foco nesta pesquisa dará, inevitavelmente, mais trabalho à professora, ao professor. Isso significa que, além dos conhecimentos necessários para desenvolvê-la com os alunos, também são necessárias outras condições na escola. A existência de laboratório, embora substituível por improvisações como as que fizemos, seria altamente recomendável. Da mesma forma, mais tempo para estudo e preparação das aulas ajudaria muito nas mudanças necessárias.

REFERÊNCIAS

ALMEIDA, J.; RABONI, P. C. A.; SOUZA FILHO, M. P. Interação discursiva e argumentação sobre as transformações irreversíveis em aulas de ciências: a presença de líquido e umidade nas frutas. *In*: ENECI — ENSINO DE CIÊNCIAS POR INVESTIGAÇÃO, 3., 2024b, Belo Horizonte. **Anais** [...]. Belo Horizonte: UFMG, 2024b. [no prelo]

ALMEIDA, J.; RABONI, P. C. A.; SOUZA FILHO, M. P. A utilização de cartazes como recurso para fomentar as atividades investigativas: do imaginário à representação. *In*: ENECI — ENSINO DE CIÊNCIAS POR INVESTIGAÇÃO, 3., 2024b, Belo Horizonte. **Anais** [...]. Belo Horizonte: UFMG, 2024b. [no prelo]

BASTOS, A. P. S. **Potenciais problemas Significadores em aulas investigativas**: contribuições da perspectiva histórico-cultural. Tese (Doutorado em Educação) – Programa de Pós-Graduação em Educação, Faculdade de Educação, Universidade de São Paulo, São Paulo, 2017.

BOGAR, Y. Synthesis Study on Argumentation in Science Education. **International Education Studies**, [*S. l.*], v. 12, n. 9, 2019.

CARVALHO, A. M. P. O uso do vídeo na tomada de dados: pesquisando o desenvolvimento do ensino em sala de aula. **Pro-Posições**, [*S. l.*], v. 7, n. 1, p. 5-13, 1996.

CARVALHO, A. M. P. de. O ensino de ciências e a proposição de sequências de ensino investigativas. *In*: CARVALHO, A. M. P. de (org.). **Ensino de ciências por investigação**: condições para implementação em sala de aula. São Paulo: Cengage Learning, 2013.

CHIZZOTTI, A. **Pesquisa qualitativa em ciências humanas e sociais**. 6. ed. Petrópolis: Vozes, 2014.

DUSCHL, R. A.; OSBORNE, J. Supporting and Promoting Argumentation Discourse in Science Education. **Studies in Science Education**, [*S. l.*], n. 38, p. 39-72, 2002.

FAIZE, A. F.; HUSAIN, W.; NISAR, F. A Critical Review of Scientific Argumentation in Science Education. **EURASIA Journal of Mathematics, Science and Technology Education**, [*S. l.*], v. 14, n. 1, p. 475-483, 2018.

IBRAIM, S. S; JUSTI, R. Actions that contribute to Science Teaching involving argumentation and their relationships with Pedagogical Content Knowledge. **Investigações em Ensino de Ciências**, [S. l.], v. 27, n. 1, p. 288-414, 2022.

ILYENKOV, E. V. Our schools must teach how to think. **Journal of Russian and East European Psychology**, [S. l.], v. 45, n. 4, p. 9-49, jul./ago. 2007.

JIMÉNEZ-ALEIXANDRE, M. P.; ERDURAN, S. Argumentation in Science Education: An Overview. In: ERDURAN, S.; JIMÉNEZ-ALEIXANDRE, M. P. (ed.). **Argumentation in Science Education**: Perspectives from Classroom-Based Research. New York: Springer, 2007.

JIMÉNEZ-ALEIXANDRE, M. P.; BROCOS, P. Desafios metodológicos na pesquisa da argumentação em Ensino de Ciências. **Ensaio**, [S. l.], v. 17, n. especial, p. 139-159, 2015.

JUSTI, R. Relações entre argumentação e modelagem no contexto da Ciência e do Ensino de Ciências. **Ensaio**, [S. l.], v. 17, n. especial, p. 31-48, 2015.

KELLY, G. J. Inquiry, Activity, and Epistemic Practice. In: DUSCHL, R.; GRANDY, R. (ed.). **Teaching Scientific Inquiry**: Recommendations for Research and Implementation. Rotterdam: Sense Publishers, 2008. p. 99-117.

KELLY, G. J.; LICONA, P. Epistemic Practices and Science Education. In: MATTHEWS, M. (ed.). **History, Philosophy and Science Teaching**. Pennsylvania: Springer, 2018. p. 139-165. DOI: https://doi. org/10.1007/978-3-319-62616-1.

LEITÃO, S. Processos de construção do conhecimento: a argumentação em foco. **Pro-posição**, [S. l.], v. 18, n. 3, set./dez. 2017.

LEPRIQUE, K. L. P. A.; SILVA, A. H.; GOMES, L. C. Vygotsky e a argumentação: uma possível perspectiva para o Ensino de Física. **Revista Valore**, Volta Redonda, v. 3, ed. especial, p. 608-618, 2018.

LÜDKE, M; ANDRÉ, M. E. D. A. **Pesquisa em educação**: abordagens qualitativas. 2. ed. Rio de Janeiro: E.P.U., 2013.

MARTINS, L. C. Vygotsky e o Papel das Interações Sociais na Sala de Aula: Reconhecer e Desvendar o Mundo. In: **Os desafios enfrentados no cotidiano escolar**. São Paulo: FDE, 1997. p. 111-122. (Série Ideias, n. 28).

NIGRO, R. G. **Ápis Ciências**, 4º ano: ensino fundamental, anos iniciais. 3. ed. São Paulo: Ática, 2017. 160 p.

ORTEGA, F. J. R.; ALZATE, O. E. T.; BARGALO, C. M. A model for teaching argumentation in science class. **Educ. Pesqui.**, [S. l.], v. 41, n. 3, p. 629-643, 2015.

OSBONE, J.; ERDURAN, S.; SIMON, S. Enhancing the Quality of Argumentation in School Science. **Journal Research in Science Teaching**, [S. l.], v. 40, n. 10, p. 994-1020, 2004.

RABONI, P. C. A.; CARVALHO, A. M. P. O potencial das Sequências de Ensino Investigativas para a alfabetização científica: indícios a partir das interações verbais em sala de aula. *In*: VIVEIRO, A. A.; ZANCUL, M. C. S.; FERNANDES, R. C. A. **Ensino de Ciências para Crianças**: fundamentos, práticas e formação de professores. Itapetininga: Edições Hipótese, 2021. v. 2, p. 35-52.

RODRIGUES, S. A.; GARMS, G. M. Z. Intencionalidade da ação educativa em educação: a importância da organização do tempo e do espaço das atividades. **Nuances**: Estudos sobre Educação, [S. l.], v. 14, n. 15, p. 123-37, 2007.

SAITO, H. T. I.; OLIVEIRA, M. R. F. Trabalho docente na educação infantil: olhares reflexivos para a ação intencional e planejada do ensino. **Imagens da Educação**, [S. l.], v. 8, n. 1, e39210, 2018.

SAMPSON, V.; CLARK, D. B. Assessment of the Ways Students Generate Arguments in Science Education: Current Perspectives and Recommendations for Future Directions. **Science Education**, [S. l.], v. 92, p. 447-472, 2008.

SANTOS, F.; SILVA, A. C. Argumentação e outras práticas epistêmicas em uma sequência de ensino investigativa envolvendo Química Forense. **Química Nova na Escola**, [S. l.], v. 43, n. 2, p. 205-223, 2021.

SASSERON, L. H. Interações discursivas e argumentação em sala de aula: a construção de conclusões, evidências e raciocínios. **Revista Ensaio**, [S. l.], v. 22, e20073, 2020.

SASSERON, L. H. Alfabetização Científica, Ensino por Investigação e Argumentação: Relações entre Ciências da Natureza e Escola. **Ensaio**, [S. l.], v. 17, n. especial, p. 49-67, 2015.

SASSERON, L. H.; CARVALHO, A. M. P. Alfabetização Científica: uma revisão bibliográfica. **Investigações em Ensino de Ciências**, [S. l.], v. 21, n. 2, p. 52-67, 2011.

SASSERON, L. H.; CARVALHO, A. M. P. O Ensino de Ciências para a Alfabetização Científica: analisando o processo por meio da argumentação em sala de aula.

In: NASCIMENTO, S. S. do; PLANTIN, C. (org.). **Argumentação e Ensino de Ciências**. 1. ed. Curitiba: Editora CRV, 2009. p. 140-163.

SASSERON, L. H.; DUCHSL, R. A. Ensino de Ciências e as práticas epistêmicas: o papel do professor e o engajamento dos estudantes. **Investigações em Ensino de Ciências**, [S. l.], v. 16, n. 1, p. 59-77, 2011.

SAVIANI, D. **Pedagogia histórico-crítica**: primeiras aproximações 11. ed. rev. Campinas: Autores Associados, 2011. (Coleção Educação Contemporânea).

SCARPA, D. O papel da argumentação no Ensino de Ciências: lições de um workshop. **Revista Ensaio**, [S. l.], v. 17, n. especial, p. 15-30, 2015.

SOLINO, A. P.; SASSERON, L. H. Investigando a significação de Problemas em Sequência de Ensino Investigativa. **Investigações em Ensino de Ciências**, [S. l.], v. 23, n. 2, p. 104-129, 2018.

SOUZA FILHO, M. P.; TREVISANI, J. A. Inserindo conceitos físicos no primeiro ciclo do ensino fundamental: uma abordagem construtivista. **Experiências em Ensino de Ciências (UFRGS)**, [S. l.], v. 12, p. 90-99, 2017.

TEIXEIRA, F. M. Argumentação nas aulas de ciências para as séries iniciais. *In*: NASCIMENTO, S. S. do; PLANTIN, C. (org.). **Argumentação e Ensino de Ciências**. 1. ed. Curitiba: Editora CRV, 2009.

TREVISANI, J. A. **Uma sequência de ensino investigativa sobre eletricidade nos anos iniciais do ensino fundamental**: relevância do ensino deliberado na construção do conhecimento científico — UNESP/FCT, Presidente Prudente/SP. 2019. 152 f. Dissertação (Mestrado em Educação) – Faculdade de Ciências e Tecnologia, UNESP, Presidente Prudente, 2019.

TUNES, E. Os conceitos científicos e o desenvolvimento do pensamento verbal. **Cadernos Cedes**, Unicamp, v. 35, p. 29-39, 1995.

VIGOSTKI, L. S. **A formação social da mente**: o desenvolvimento dos processos psicológicos superiores. *In*: COLE, M. *et al.* (org.). 7. ed. São Paulo: Martins Fontes, 2007.

VIGOSTKI, L. S. **Pensamento e linguagem**. Tradução de Jefferson Luiz Camargo. 4. ed. São Paulo: Martins Fontes, 2008.

YIN, R. K. **Estudo de caso**: planejamentos e métodos. Tradução de Daniel Grassi. 2. ed. Porto Alegre: Bookman, 2001.